KB129780

독서는 절대 나를 배신하지 않는다

OTONA NO TAMENO DOKUSHO NO ZENGIJUTSU

by Takashi SAITO
Copyrights © 2014 Takashi SAITO
Edited by CHUKEI PUBLISHING
All rights reserved.

No part of this book may be used or reproduced in any manner
whatsoever without written permission except in the case of brief quotations
embodied in critical articles and reviews.
Originally published in Japan by KADOKAWA CORPORATION Tokyo.
Korean Translation Copyright © 2015 Woongjin Think Big Co., Ltd.
Korean edition is published by arrangement with KADOKAWA CORPORATION
through BC AGENCY.

이 책의 한국어판 저작권은 BC에이전시를 통한 저작권자와의 독점 계약으로
웅진씽크빅에 있습니다. 저작권법에 의해 한국 내에서 보호를 받는 저작물이므로
무단전재와 복제를 금합니다.

독서는 절대 나를 배신하지 않는다

서른 살 빈털터리 대학원생을 메이지대 교수로 만든 공부법 25

사이토 다카시 지음 | 김효진 옮김

걷는나무
walking tree

인생의 위기마다
내 곁에 책이 있었다

나는 지금 메이지대학교 문학부 교수로 수많은 학생들을 가르치고 있다. 또 매주 월요일부터 금요일까지 아침마다 TV 생방송을 진행한다. 여기에 짬짬이 글을 써서 책을 내고 한 달에 두세 번 정도는 기업이나 학교의 초청을 받아 강연을 한다. 흔히 교수라고 하면 아이들을 가르칠 때만 빼고는 연구실에 머무르며 비교적 여유롭게 자기 시간을 보낼 수 있을 것이라고 생각하지만 때론 잠시 책상에 앉을 틈도 없이 누구 못지않게 바쁜 일상을 보내고 있다.

그럼에도 내가 절대 거르지 않는 것은 바로 독서다. 10분 동안 2페이지를 읽든, 필요한 자료를 찾느라 10권을 읽든 날마다 독서에 투자하는 시간과 노력은 조금씩 다르지만 하루도 책을 펼치지 않은 날은 없었다. 내가 책을 쓰는 저자이고, 교수라서가 아니다. 일과 삶 양쪽에서 나를 성장시키고, 눈앞의 문제에만 매달리느라 중요한 결정을 그르치고 후회하지 않도록 이끌어 주는 유일무이한 도구가 바로 독서라고 생각하기 때문이다.

대학에 들어가 법학부를 졸업한 뒤, 나는 교육자의 길을 걷고 싶다는 생각에 진로를 바꾸고 대학원에 진학했다. 뒤늦게 공부를 시작한 만큼 하루빨리 논문을 쓰고 졸업을 해야 한다는 조급함으로 마음은 바빴지만 현실은 내 뜻대로 풀리지 않았다. 장장 8년이라는 시간을 대학원에 다니며 공부하는 동안 나이는 서른이 넘었고, 이렇다 할 직장도 없는 빈털터리였으며, 힘들게 쓴 논문도 인정받지 못했다. 그렇게 원하던 공부를 하면서도 "지금 하는 일이 뭐예요? 수입은 얼마나 되죠?"라고 묻는 사람들의 시선 속에서 불안하고 초조했다. 다른 이들은 한참 앞서가고 있는데 나는 아무리 노력을 해도 별 성과도 없고 초라해 보일 뿐인 것 같아 대학원 따위는 그만둘까 고민했던 적이 한두 번이 아니다.

그때 미래에 대한 불안과 회의감 속에서 내가 할 수 있었던 것은 독서밖에 없었다. 책을 읽는 동안만큼은 현실을 잠시 잊을 수 있고, 답이 나오지 않는 고민을 하며 시간을 보내는 것보다 그래도 뭔가를 배울 수 있으니 더 낫다는 생각 때문에 미련할 정도로 책의 세계로 파고들었다. 책을 읽는다는 게 어떤 의미인지, 내 삶에 어떤 영향을 줄지와 같은 문제는 생각할 겨를도 없었다. 당시에는 매일 책을 읽는 습관을 하나 만드는 것이 유일한 수확이라고만 생각했다.

그런데 내가 시간 강사부터 시작해서 대학에서 자리를 잡고, 어떻게 해야 행복한 삶을 살 수 있을지 고민하는 동안 그때 내가 얻은 것이 독서 습관만은 아니었다는 것을 깨달았다. 생각하는 힘, 풍부한 간접 경험, 나와 타인 나아가 세상을 이해하는 유연성 등 독서를 통해 무수히 많은 힘을 키울 수 있었다. 책을 읽으며 흡수한 저자들의 생각과 지식, 삶이 내면에 켜켜이 쌓여 무슨 일이든 자신 있게 해낼 수 있는 토대가 되어 주었고 갈림길에서 갈팡질팡하지 않고 후회 없는 결정을 내릴 수 있도록 도와주는 이정표가 되어 주었다. 다시 말해 내가 지금 잘 살고 있는 것은 내가 똑똑하거나 운이 좋아서가 아니라 매일 책을 읽은 힘 덕분이었다.

신문, 텔레비전, 인터넷 등 책보다 재미있고 즉각적인 정보와 지식을 주는 도구들이 많아지면서 많은 사람들이 '굳이 책을 읽을 필요가 있는가'라는 생각을 하는 것 같다. 책을 읽는 것만큼 귀찮고 머리가 아픈 일이 없는데, 책을 읽지 않아도 사는 데 아무 문제가 없는데 시간과 노력을 들여야 하냐는 것이다.

만약 당신이 지금까지 살아왔던 대로 살기로 마음먹었다면 책을 읽지 않아도 괜찮다. 그러나 어제보다 조금이라도 나아진 모습으로 살고 싶다면, 단단한 내공을 쌓아 삶의 어떤 위기에도 흔들리고 싶지 않다면 반드시 책을 읽어야 한다. 왜냐하면 아무리 열심히 산다고 해도 우리가 경험하고 배울 수 있는 지식과 경험은 한정되어 있어서 습관적으로 반복하는 생각과 행동에서 벗어나 비판적으로 생각하고 창의적인 결과물을 만들어 내기란 쉽지 않기 때문이다.

책을 읽는다는 것은 한 사람이 깊은 내공을 쌓는 데 필요한 재료의 질과 양을 더하는 행위다. 내 생각이 다른 사람의 생각과 격렬하게 부딪히기도 하고 마치 하나였던 것처럼 자연스럽게 섞이기도 하면서 과거와는 다른 새로운 생각이 탄생한다. 그리고 여기에 내가 살면서 겪은 경험과 지혜가 합쳐지면서 누구도 쉽게 흉내 낼 수 없는 나만의 내공이 만들어진다. 이렇게 독서는 사람이기에 필연적으로 맞닥뜨릴 수밖에 없는 시간적 · 경험적 한계를 극복해서 내면에 숨겨져 있던 가능성을 실현할 수 있도록 도와준다. 그래서 책을 읽는 사람은 어떤 고비나 위기에도 좌절하지 않고 오히려 자신이 원하는 방향대로 인생을 꾸려나간다.

자꾸 똑같은 실수를 하면서 나는 이 정도밖에 안 되는 인간이라며 스스로를 비하할 때가 있다면, 내 마음대로 되지 않는 인간관계 때문에 괴로워하고 있다면, 크고 작은 실패로 자신감을 잃고 방황하고 있다면 망설이지 말고 책을 읽길 바란다. 죽음을 이겨 내고 일본 최고의 기업가가 된 손정의나 술과 마약으로 망가졌던 삶을 추슬러 전 세계인이 사랑하는 토크쇼 진행자가 된 오프라 윈프리를 만든 것도 다름 아닌 책이었다. 책은 나를 다독이고 위로하며, 누구도 함부로 할 수 없는 당당한 자존감과 긍정의 힘으로 어디에서나 빛나는 사람으로 만들어 준다.

혹시 지금 책을 읽어야겠다고 생각은 하고 있지만 내심 독서는 귀찮고 괴로운 것이라고 생각하고 있다면 그것은 제대로 된 독서의 기술을 모르기 때문이다. 책을 끝까지 읽어야 한다거나 내용이 어려운 책일수록 좋은 책이라는 등의 책과 독서에 관한 수많은 편견과 압박에서 벗어나라. 독서에 대한 부담감을 내려놓고 지금 나에게 즐거움을 주는 책을 읽는 것에서부터 시작하길 바란다. 1권을 재미있게 읽어야 100권을 읽을 수 있다. 그래서 남들보다 많은 책을, 정확하게 읽고, 바로 일과 삶에 활용할 수 있다면 치열한 경쟁 사회에서 끝까지 살아남아 승리할 수 있을 뿐만 아니라 풍요로운 인생을 살 수 있을 것이다.

애플의 창업자 스티브 잡스가 2005년 미국 스탠포드대학 졸업식에서 인생의 선택을 '점과 점 이어 긋기'에 비유하며 이런 말을 했다. "내가 지금 한 일이 인생에 어떤 점을 찍는 것이라고 한다면 미래에 그것들이 어떻게 이어질지는 예측할 수 없다. 그러나 10년이 지난 후 돌이켜 보니 그 점들은 이미 모두 연결되어 있었다." 지금 내가 하는 어떤 일이 지금 혹은 미래에 어떤 의미인지 당장은 알 수 없을지도 모르지만 훗날 과거를 돌아보면 어떤 식으로든 연결되어 내 인생에 커다란 영향을 미쳤음을 깨닫게 될 것이라는 말이다. 그러니 언젠가는 점과 점들이 이어질 거라는 믿음을 가지고 현재를 충실하게, 우직하게 살아야 한다는 것이 그의 이야기였다.

독서도 마찬가지라는 생각이 든다. 지금 읽는 책 한 권이 내게 무엇을 줄지, 내 인생을 어떻게 바꿀지는 누구도 알지 못한다.

그러나 우직하게 책을 읽어 나가다 보면 자신이 원하는 인생을 살 수 있도록 이끌어 주는 수많은 점들을 갖게 된다. 그러다 보면 언젠가 반드시 깨닫게 되지 않을까. 점과 점이 이어져서 엄청난 변화를 가져왔다는 것을.

나는 오늘도 책을 읽는다. 우리 함께, 책으로 찍은 점을 늘려 나가자.

사이토 다카시

차 례

Chapter
1

독서는 절대 나를
배신하지 않는다

어떤 삶의 고비에도 쓰러지지 않고
꿈을 향해 달리고 싶다면 지금 당장 책을 펼처라.
당신의 인생을 바꿀 열쇠는 책 안에 있다.

늘 절반쯤 읽다
포기하는 당신에게

일본 전국 대학 생활협동조합 연합회가 30개 대학에서 대학생 8930명을 대상으로 실시한 조사에 따르면, 하루 평균 독서 시간은 26.9분이며 "전혀 책을 읽지 않는다"고 말한 학생도 40.5퍼센트에 달한다고 한다. 이는 2004년 조사가 시작된 이래 최저 수준이다. 내가 수업 시간에 반드시 책을 읽어야 한다고 말하면 나중에 리포트에 '책을 읽느냐 마느냐는 자유니까 강요하지 마십시오'라고 적어 내는 학생이 있어 충격을 받은 적은 있지만 그런 학생은 100명 중에 한두 명, 아주 소수일 것이라고 생각했다. 그런데 이 결과는 내 생각이 크나큰 착각이라고 말하고 있었다.

믿기 어려운 설문 조사 결과에 학생들과 대화할 기회가 있을 때마다 요즘 어떤 책을 읽는지를 물어보았다. 과연 대다수의 학생들이 책을 거의 읽지 않았고, 그 사실을 부끄러워하지도 않았으며 책을 읽기 위해 노력할 생각을 하지도 않았다. 오히려 "스마트폰으로 언제 어디서나 필요한 정보를 얻을 수 있는데 굳이 돈과 시간을 들여 책을 사 읽을 필요는 없지 않나요?"라거나 "아르바이트와 취업 준비로도 벅차니 어쩔 수 없다"고 말했다. 오랜만에 서점에 가서 소설책 한 권을 사려다가도 '내가 이러고 있을 때가 아닌데'라는 생각이 들어 취업에 도움이 되는 상식 책을 한 권 산다는 것이다. 그들의 말에 따르면 책을 읽는 것은 '사치'였다.

생각해 보면 나 역시 독서가 사치라고 생각했던 적이 있었다. 입시 준비에 정신없었던 고등학생 시절이 그랬다. 초등학교 때는 책을 즐겨 읽는 소년이었는데 중학교에 가면서 많아야 한 달에 두 권 정도 읽게 되는 식으로 독서와 점점 멀어졌고 고등학생 때는 책을 읽지 않는 것이 문제라는 생각도 들지 않았다. 오로지 대학에 가야 한다는 목표에 집중하느라 책을 읽는 것이 시간 낭비처럼 느껴졌기 때문이었다.

그런데 대학 시험에 떨어지고 난 뒤 '고등학생도 아니고 대학생도 아닌, 어디에도 속하지 못한 인간'이라는 생각에 괴로워할 때 나를 붙잡아 준 것이 바로 책이었다. 어지러운 세상에 홀로 맞서 싸운 무사의 이야기를 읽으며 나 역시 무엇이든 해낼 수 있겠다는 용기를 얻었고, 500페이지가 넘는 두터운 소설을 한 달 동안 매일 조금씩 읽으면서 꾸준히 하면 못할 일도 없다는 자신감을 얻었다.

다시 말해 책은 내가 길을 잃은 것 같은 충격과 상실감에 시달릴 때 인생에 대한 희망을 놓지 않고 진지하게 삶을 바라볼 수 있도록 이끌어 주었다. 그럴 시간에 공부를 더 하는 게 나은 것 아니냐고 말할 수도 있다. 그러나 책 읽기는 무언가를 배우려면 반드시 선행되어야 할 과정이며, 공부를 시험 합격이나 성공을 위한 도구가 아닌 그 자체로 목표가 될 수 있도록 도와준다.

재수생 시절은 물론 대학원에서 기약 없이 공부만 하며 시간강사로 연봉 2백만 엔(2014년 일본 대졸자 평균 연봉이 400만 엔 정도이다-옮긴이 주)밖에 벌 수 없던 시절에도 책은 내가 흔들리지 않도록 붙잡아 주었다. 인생의 방향이 틀린 것은 아닌지 불안할 때마다 지혜로운 사람들의 인생 이야기를 읽으며 답을 찾았고, 책에 몰입하며 스트레스로 복잡한 마음을 털어 버렸다. 누구에게나 닥칠 수 있는 삶의 고비에도 쓰러지지 않고 내 꿈을 향해 달릴 수 있었던 것은 내가 책을 읽는 사람이었기 때문이라고 생각한다.

그런 이유로 나는 누구를 만나든 그 사람이 어떤 일을 하든 책을 읽는 것만큼 가장 쉽고 효과가 좋은 자기 성장의 도구가 없다고 말해 왔다. 하지만 대부분의 사람들이 책을 읽으라는 말 앞에서 머뭇대고 망설인다. 몇 년 전 내게 이메일을 보내온 한 독자가 바로 그랬다.

당신은 지금 혁신하고 있는가

"처음에 회사에 입사한 몇 년 동안에는 자기 계발을 해야겠다고 생각은 하면서도 적응하느라 정신없었습니다. 그래서 당분간 다른 공부는 제쳐 두고 일이나 확실히 배우자고 생각했습니다. 이제 5년쯤 되니 어느 정도 업무에도 익숙해져서 중요한 프로젝트도 맡게 됐고 생활도 안정을 찾았는데, 그럴수록 공부해 놓은 것도 없고 자칫하면 뒤처지겠다는 위기감이 듭니다.

주변에 보니까 독서로 자기 계발을 한다기에 저도 독서를 시작했습니다. 솔직히 그동안 책은 1년에 한 권 읽을까 말까 했거든요. 그런데 마음만 앞서지 도저히 책이 손에 안 잡히더라고요. 회사에서는 일하느라 바쁘고, 집에 가면 가족들이랑 쉬기도 바쁘고요. 매번 절반쯤 읽다가 흐지부지됐네요.

그런데 얼마 전에 선생님의 강연을 들었습니다. 강연을 듣고 나니 다시 독서를 해야겠다는 생각은 드는데, 책을 읽는 게 정말 큰 도움이 될까 싶습니다. 저같이 평범한 사람도 책을 읽으면 뭔가 바뀔까요?"

끊임없이 변화하는 현대사회는 개인에게도 꾸준한 자기혁신을 요구한다. 어떤 일을 하든 새롭게 창출되는 개념과 이론에 대해 공부하고, 일과 업계 전반에 대해 자신만의 시각을 갖고 주체적으로 일하기를 원하는 것이다. 만약 혁신을 게을리하면 업무에 차질이 생기고 조직 내 평가가 떨어지는 등 냉엄한 현실이 기다린다. 비단 일에서만 그런 것이 아니다. 꾸준히 공부하고 혁신하지 않으면 하루하루 살아가는 데만 급급해 중요한 결정을 그르치고 매번 후회하는 삶을 살게 된다.

이 독자는 아직 심각한 위기에 부딪힌 것은 아니지만 이대로 안일하게 살아서는 안 될 것 같다는 위기감과 초조함을 느끼고 있었다. 조직에서 확고한 자리를 잡고 승승장구하고 있거나, 사업으로 어마어마한 돈을 벌었다고 해도 마찬가지다. 인생을 살아가면서 자율적으로 성장하고 능동적으로 삶을 경영해야 한다는 요구는 누구나 다 똑같이 느낀다. 지금 하는 일이 무엇이든, 얼마나 행복하든 상관없이 말이다.

그런데 지금 내가 가르치는 대학생, 취업 준비생부터 막 취직에 성공한 제자, 한창 일하며 경력을 쌓아 가는 대리·과장급 제자들, 은퇴 이후 새로운 삶을 준비해야 하는 내 또래 친구들에 이르기까지 인생과 경력에서 가장 중요한 순간에 서 있고, 정체되지 않고 성장해야 한다는 강력한 요구를 받고 있는 사람들 모두가 놀라울 정도로 책을 읽지 않는다. 내가 보기에 남녀노소, 직업을 불문하고 누구나 일과 삶 양쪽에서 모두 성장할 수 있도록 도와주는 것이 바로 독서인데도 말이다. 오히려 책을 읽어 봤자 인생이 얼마나 변하겠느냐며 독서를 외면한다. 과연 그럴까? 책은 그저 책일 뿐, 인생을 바꾼다는 것은 허황된 말일까?

인생을 바꿀 수 있는 유일한 방법, 독서

　　A는 미국 미시시피 강 근처 흑인 빈민가에서 미혼모의 딸로 태어났다. 9살 때 사촌 오빠에게 성폭행을 당했고 14살이라는 어린 나이에 미혼모가 되었다. 아기는 2주 만에 세상을 떠났다. 20대에는 마약에 손을 대 감옥을 드나들었고 그러는 사이 100킬로그램이 넘는 못난 모습으로 변해 있었다.

　　B는 1998년 《포춘》 선정 여성 최고 비즈니스 우먼 2위, 2003년

실시된 해리스 여론조사에서 1998년, 2000년에 이어 세 번째로 미국인들이 가장 좋아하는 TV 방송인으로 선정되었다. 영화 · TV 프로그램 제작, 출판과 인터넷 사업을 총망라한 하포 엔터테인먼트 그룹 대표로 10억 달러 이상의 자산을 가지고 있으며 25년간 자신의 이름을 딴 토크쇼를 진행했다. 그가 언급하는 물건은 방송 즉시 품절되고, 특정 정치인을 지지한다고 말하는 순간 선거 판세가 달라질 정도의 영향력을 가지고 있다.

당신은 A와 B 두 사람이 동일한 인물이라면 믿겠는가? 이 이야기는 〈오프라 윈프리 쇼〉를 진행하며 미국은 물론 전 세계에서 가장 유명한 방송인으로 자리매김한 오프라 윈프리의 이야기다.

누구도 예상하지 못했던 이런 극적인 인생 역전은 뒤늦게 만난 아버지의 조언에서 시작되었다. 아이들에게 전혀 관심이 없는 어머니 밑에서 불우한 삶을 살면서 자신의 인생을 포기했던 윈프리에게 그는 "책을 읽어라. 그러면 너의 인생이 곧 180도 달라질 것"이라고 말했다. 그녀는 이 조언을 마음에 새기고 2주일에 한 권씩 책을 읽고 독후감을 쓰면서 독서 습관을 길러 나갔다. 덕분에 어휘력과 글쓰기 실력이 늘어 공부에서도 좋은 결과를 얻기 시작했다. 나도 잘하는 것이 있다는 것을 깨닫게 된 그녀는 공부와 인간관계 모두에 자신감을 되찾고 밝고 당당한 사람으로 변해 갔다.

그 시절 읽은 책 중에서 그녀에게 가장 큰 힘이 되어 준 것은 마야 안젤루의 『새장에 갇힌 새가 왜 노래하는지 나는 아네』였다. 마야 안젤루는 윈프리와 놀라울 정도로 비슷한 과거를 경험했지만 상처를 극복하고 행복을 쟁취할 수 있다는 사실을 책을 통해 알려 주었고, 윈프리는 자신 역시 행복해질 수 있다는 희망을 되찾게 되었다.

훗날 그녀는 "나는 책을 통해 인생에 가능성이 있다는 것과 나처럼 세상에 사는 사람이 또 있다는 걸 알았다. 독서는 내게 희망을 주었다. 책은 내게 열린 문과 같았다"고 말하며 책이 엉망이 된 삶을 다시 일으켜 세운 힘이었다고 고백했다.

그녀의 삶만큼 엄청난 고통을 겪지는 않더라도 우리는 삶에서 크고 작은 위기와 부딪히며 때론 쓰디쓴 실패를 맛본다. 열심히 노력하고도 기대에 못 미치는 결과 앞에서 실망할 때도 있고, 스스로 선택한 길이 잘못된 길이었음을 깨닫고 나 자신을 원망하기도 한다.

윈프리 역시 인생에 대한 원망에 사로잡혀 술과 마약을 택했다. 그러나 책을 통해서 다시 살아갈 힘을 찾았고, 나락에 빠진 것처럼 보였던 그녀의 삶을 스스로 구해 냈다. 만약 아버지가 돈으로 딸의 인생을 풍족하게 바꾸어 주었다면, 갑자기 어디선가 말을 탄 왕자님처럼 멋진 남자가 나타나 그녀의 삶을 구해 주었다면 어땠을까? 잠깐 행복해질 수는 있지만 금세 다시 술과 마약에 빠졌을 수도 있고, 지금처럼 큰 성공을 이루지는 못했을 수도 있다. 복권에 당첨돼 큰돈을 번 사람들이 몇 년 지나지 않아 과거보다 더 큰 가난에 시달리게 되는 것처럼 말이다.

오프라 윈프리의 삶이 증명하듯이 독서는 한 사람의 인생을 바꾸고, 어떠한 위기에도 좌절하거나 실패하지 않게 만드는 힘이 있다. 책으로 지혜로운 사람들의 사상을 배울 수 있으며, 생각하는 힘을 길러 어떤 일을 하든 더 만족스러운 결과를 얻을 수 있다. 책을 읽는 만큼 조금씩 성장하고 있다는 성취감과 기쁨은 나 자신을 긍정하고 인생의 고통도 껴안게 만든다. 그러니 작은 어려움에도 자신을 비판하며 슬픔에 빠질 일이 없다. 이런 선순환은 결국 인생 자체를 긍정적인 방향으로 이끈다.

독서는 지적인 활동을 할 수 있는 인간에게 주어진 선물이다. 그럼에도 많은 사람들이 선물을 풀어 보지도 않고 바쁘다는 이유로 외면하고, 귀찮고 재미없다는 이유로 포기해 버리고 만다. 그 안에 당신의 인생을 바꿀 열쇠가 들어 있는데도 말이다.

지금이라도 늦지 않았다. 매일 조금씩, 포기하지 않고 책을 펼쳐 보길 바란다. 분명 당신의 기대를 뛰어넘는 선물을 받았음을 깨닫게 될 것이다.

독서는
모든 공부의
시작이다

당신이 마케팅 공부를 시작하기로 결심했다고 하자. 그렇다면 마케팅을 배우기 위해 선택할 수 있는 방법은 무엇이 있을까?

① 대학 혹은 대학원에 진학하여 경영학과에 들어간다.

② 누구나 수강이 가능한 학원 강좌에 등록한다.

③ 집에서 인터넷이나 텔레비전을 이용해 강의를 듣는다.

④ 비슷한 목표를 가진 직장인들이 모인 마케팅 스터디 모임에 나간다.

⑤ 마케팅 관련 서적을 읽는다.

이 중에서 가장 현실 가능하며 손쉬운 방법은 무엇일까? 돈이 많든 적든, 자유롭게 쓸 수 있는 시간이 얼마나 됐든 답은 ⑤번일 것이다. 누군가는 원하는 시간에 언제든 공부할 수 있는 ③번도 꽤 괜찮은 방법이 아니냐고 말할지도 모르겠다. 직장인에게는 공부할 시간을 만드는 것이 가장 어려운 문제이니 말이다. 그러나 인터넷과 텔레비전으로 공부를 한다는 것은 생각보다 비효율적인 일이다. 본인의 의지로 책상에 앉아 인터넷에 접속하거나 텔레비전을 켠다고 해도 책을 읽는 행위와 비교해 봤을 때 매우 수동적이기 때문이다.

인터넷과 컴퓨터는 책을 대신할 수 없다

'책을 왜 읽어야 할까?'라는 질문에 첫 번째로 떠오르는 답은 '지식을 얻고 좀 더 똑똑해지기 위해서'일 것이다. 실제로 아주 먼 과거부터 책은 무언가를 배우려는 사람들에게 반드시 필요한 것이었고, 읽을 줄 안다는 것 자체가 하나의 권력이자 리더가 되려면 꼭 갖추어야 하는 능력이기도 했다. 시대를 바꿀 수 있는 사상은 물론 가장 최신의 정보도 책을 통해서만 전해졌기 때문에 권력자들은 책과 도서관을 통제하고 오로지 자신들만이 소유함으로써 세상을 지배하려 했다.

그렇지만 이제 책은 아주 흔한 물건이 되었고 대다수의 사람들이 책을 읽고 소유할 수 있게 되었다. 게다가 인터넷이 등장하면서 오직 책으로만 얻을 수 있고, 소수의 사람들만 독점할 수 있었던 수많은 정보와 지식들에 누구나 손쉽게 접근할 수 있게 되었다. 24시간 내내, 언제 어디서든 심지어 거의 모든 정보를 무료로 얻을 수 있다. 아닌 게 아니라 태평양 건너 미국의 대학교 강의도 공짜로 들을 수 있고, 온라인 도서관이나 전자책을 통해 일류 학자들의 논문도 마음껏 열람할 수 있다. 마음만 먹으면 뻥 뚫린 고속도로를 질주하듯 전 세계 모든 정보를 손에 넣을 수 있는 것이다.

그렇다면 우리는 그만큼 똑똑해졌을까? 단언컨대 그렇지 않다.

일본의 학자 후쿠자와 유키치는 옆 동네에 살고 있는 친구를 찾아가서 책을 빌려 한 권을 통째로 손으로 옮겨 적었다는데 그런 노력과 정성은 옛말이 되어 버렸다. 오히려 대다수의 사람들은 '인터넷에 다 있는데 왜 굳이 책을 읽어야 하지?'라고 생각한다. 이제 무언가를 배워야 할 필요성을 느낄 때 'ⓖ 필요할 때마다 인터넷에서 찾아본다'라는 대안이 가장 실천하기 쉬운 방법으로 꼽히는 세상이 되었다. 또 상당히 많은 사람들이 인터넷에서 읽은 정보를 자신의 지식이라고 생각하며, 따로 공부를 하지 않아도 자신은 충분히 똑똑하다고 생각한다.

그러나 이것은 대단한 착각이다. 텔레비전과 인터넷에 담긴 정보들은 '흘러 다니기' 때문에 우리를 스쳐 지나가기 쉽다. 너무 많은 정보가 일방적으로 쏟아져서 이미 내가 가지고 있던 생각들과 상호작용을 할 틈이 없고 기억에도 잘 남지 않는다. 게다가 다른 정보에 정신이 팔려 오래 집중하기가 어렵다. 눈과 머리를 유혹하는 자극적인 정보가 많은 탓이다. 우리가 매일매일 접하고 있는 수많은 인터넷 기사들만 봐도 그렇지 않은가. 낱낱의 정보들이 아무리 많다고 해도 그것을 잇고 꿰어 본질을 간파해 낼 수 없다면 나의 지식이나 생각이 되지 않는다.

그뿐인가. 내가 원한다면 어마어마한 정보를 손쉽게 얻을 수 있다는 사실은 절박함을 없앤다. 진지하게 배워서 내 것으로 만들어야겠다는 생각은 하지 않고, 필요할 때 다시 찾아보면 되니 대충 한 번 훑어보아도 괜찮다고 생각하는 것이다. 책이 모든 지식의 보고였던 시절에 비교해 본다면 우리는 생각보다 똑똑해지지 않았다.

반면에 독서는 책을 펼치는 행위부터 자신의 행동에 온 신경을 집중시킨다. 책을 읽기 위해서는 주위에 대한 관심을 끊고 의식적으로 몰입해야 하기 때문이다. 즉 독서는 책을 구입하고 펼치는 단계부터 '내가 이것을 읽겠다'는 의지가 반드시 투입되어야 하는 행위이다.

눈으로 글자를 좇고, 머릿속으로 의미를 곱씹는 과정을 통해 자연스럽게 지식이 체화되고 생각하는 힘과 응용력이 함께 길러진다. 머릿속이 바쁘게 돌아가는 동안 기억에도 더 오래 남게 됨은 물론이다. 그렇기 때문에 무언가를 배우려고 한다면 인터넷이나 텔레비전을 이용하는 것보다 책을 읽는 것이 더 효율적이다.

책을 읽는 것만으로도 공부가 된다

직장에서 일을 하고 집에 돌아와 휴식을 취하기에도 시간이 부족한 사람들에게 쉬지 않고 공부해야 한다는 말처럼 부담되는 말도 없을 것이다. 그러나 뒤처질지 모른다는 압박감은 우리를 편히 쉬지 못하게 한다. 그래서 사람들은 성실하게 수강하지 못할 거라 생각하면서도 큰돈을 들여 학원에 등록하기도 하고, 인터넷 강의를 틀어 놓고 멍하니 쳐다보는 것으로 공부를 끝내면서 '그래, 이 정도면 아무것도 안 하는 것보다는 나을 거야'라고 생각한다.

이런 사람들을 보면 독서라는 아주 쉽고 간단한 공부법을 두고도 어려운 길로 돌아가는 것 같아 참으로 안타깝다. 공부를 하겠다는 강력한 의지를 가지고 있으면서도 어떻게 실천으로 옮겨야 할지 몰라 방황하다 포기하게 되니 말이다.

생각해 보자. 책을 읽는 것만큼 쉽고 효율적인 공부가 없다. 책한 권을 가지고 있다면 언제 어디서든 시간과 장소에 구애받지 않고 즉시 공부를 시작할 수 있다. 일부러 시간을 내 학원에 갈 필요도 없고, 비싼 강의료를 낼 필요도 없다. 시험과 숙제가 없기 때문에 그만큼 부담이 없고 숙제를 못했다는 이유로 강의에 빠질 이유도 없으며 내 컨디션과 상황에 따라 유연하게 진도를 나갈 수 있다.

굳이 가르쳐 주는 사람이 없어도 '저자'라는 아주 똑똑한 선생님이 친절하게 공부를 시켜 주니 책을 읽는 동안 자연스럽게 지식이 쌓인다. 내가 잘하고 있는 걸까 걱정할 필요도 없다. 그저 책을 충실하게 읽고 내 것으로 만들기 위해 바쁘게 머리를 굴리면 된다. 체계적이고 활용 가능한 지식을 얻을 수 있을 뿐 아니라 생각하는 힘까지 기를 수 있다.

현대 경영학을 창시한 피터 드러커는 취업과 동시에 대학에 진학했지만 학교는 한 번도 나가지 않고 오로지 도서관에서 책을 읽으면서 공부를 했다고 한다. 당시는 강의에 출석하지 않아도 졸업 시험만 치르면 학위를 받을 수 있었다. 그래서 그는 일하고 있던 사무실 맞은편에 있는 공립도서관에 가 독일어, 영어 책 등 종류를 가리지 않고 닥치는 대로 읽었다. 훗날 자신의 책 『피터 드러커: 나의 이력서』에서 '나는 도서관에서 진짜 대학 교육을 받았다고 생각한다'고 말할 정도다. 이때부터 시작된 공부는 평생 이어졌다. 3년이나 4년마다 통계학, 중세 역사, 일본 미술, 경제학 등등 분야를 가리지 않았고, 아흔이 넘은 나이에도 '셰익스피어 전집을 천천히 주의 깊게 읽기', '발자크의 『인간희극』 시리즈 읽기' 등등 목표를 세워 가며 꾸준히 책을 읽었다.

피터 드러커에게 새로운 분야를 탐구하고 익혀서 자기 것으로 만드는 과정은 곧 독서를 의미했다. 그리고 책에서 배운 것들은 일을 하고 성과를 내게 하는 자양분이었다. 그가 신문기자, 대학 교수, 컨설턴트 등 여러 직업을 거치면서 일의 종류를 가리지 않고 인정받을 수 있었던 것도, 서른 권이 넘는 책을 내고 셀 수 없을 정도의 많은 논문과 기사를 쓸 수 있었던 것도 폭넓은 지식과 식견이 있었기에 가능했던 일이었다. 그는 '이런 공부는 나에게 상당한 지식을 쌓게 해 주었고, 나로 하여금 새로운 주제와 새로운 시각 그리고 새로운 방법에 대해 개방적인 자세를 취할 수 있도록 해 주었다'고 말하며 어떤 일에서든 전문가로 인정받고 싶다면 끊임없이 책을 읽고 새로운 주제를 공부해야 한다고 말했다.

피터 드러커가 구체적으로 독서량을 밝힌 바는 없지만 일주일에 두 권씩만 책을 읽었다고 치자. 아마도 그보다는 훨씬 더 많이 읽었을 테지만 말이다. 그렇다 해도 3년 동안 읽은 책의 양을 헤아려 보면 어마어마하다. 당신은 그렇게까지 한 분야를 파고들며 공부한 적이 있는가? 하루 종일 공부만 하는 학생도 쉽지 않은 일이다. 그는 단지 독서만으로 그 방대한 분량의 공부를 해냈다.

모든 학문의 기본이 독서에 있다는 것은 분명하다. 인류가 오랜 시간 쌓아 온 지적인 발전은 모두 책을 통해 전해져 왔으며 아무리 훌륭한 선생님이라고 해도 책이라는 기본 교재 없이 학생을 가르치지 않는다. 시대를 바꾼 위대한 사상도, 몇천 년간 전해 내려오는 이야기도 책을 읽지 않으면 알 길이 없다. 독서를 하지 않는 사람은 진정한 공부를 하기 위한 출발선에조차 서지 못한다.

혹시 나는 책을 읽지 않고도 스스로 생각할 수 있다고 자신하는가? 책으로 접할 수 있는 광대한 지적 바다를 눈앞에 두고도 외면하는 어리석음에 빠지지 않길 바란다. 독서를 통해 인류의 보물이라고도 할 수 있는 지식을 자기 것으로 만들고 지혜로운 사람들의 사고법을 따라 배울 수 있다. 그 견고한 토대를 밟고 섰을 때 내가 갈 수 있는 것보다 훨씬 더 멀리 갈 수 있는 법이다.

공부를 하고 싶지만 어떻게 해야 할지 모르겠다면 지금 관심을 가지고 있는 분야의 책을 두세 권 골라 찬찬히 읽어 보자. 내가 읽은 책이 한 권씩 늘어날수록 저절로 공부가 되고 있다는 사실을 깨닫게 될 것이다.

책을 읽는 사람은
미래를 두려워하지 않는다

3

마스다 미리의 만화 『내가 정말 원하는 건 뭐지?』의 주인공 미나
코는 전업주부로 자신의 자리에서 성실하게 살고 있지만 한 번
씩 '이게 정말 내가 원하는 삶인가'에 대한 질문에 자꾸 부딪히게
된다. 사랑하는 사람과 행복한 가정을 꾸리고 있고 주택 대출도
그럭저럭 다 갚아 나갔는데도 어쩐지 '넌 지금 충분히 행복한 거
야'라는 은근한 강요를 받고 있다고 느낀다. 이 만화는 그녀가 나
라는 사람에 대해, 사람들이 나를 어떻게 생각하고 있을지에 대
해 고민하고 나름의 답을 찾아가는 과정을 담담하게 그려 내고
있다.

　이 작품이 많은 사람들의 공감을 얻었던 것은 어떤 모습으로

어느 정도의 행복을 누리면서 살고 있든지 상관없이 내가 누구인지, 진정으로 원하는 것은 무엇인지를 더 확실하게 알고 싶은 마음을 솔직하게 그려 냈기 때문일 것이다. 나와 내 욕망에 대한 확신이 없어서 사람들은 불안에 시달린다. 내가 제대로 잘 살고 있는지 남들과 끊임없이 비교하고, 남들이 사는 대로 살기 위해 발버둥친다. 원하는 것이 맞는지 물어볼 틈도 없이 성공하기 위해 모든 걸 잃어도 좋다는 기세로 일에 몰두하거나 돈에 집착하는 사람들이 늘어나는 것을 보면 갈수록 현대인의 불안이 커지고 있다는 생각이 든다.

자아는 찾는 것이 아니라 발견하는 것이다

흔히들 '자아 찾기'라는 말을 하는데, 나는 이 말에 굉장한 위화감을 느낀다. 나에게도 진정으로 하고 싶은 일을 모색하던 시기가 있었지만 자아를 찾아 나선 일은 없다. 내 자아는 여기 있는데 군이 찾는다는 말을 쓸 필요가 있을까? 타고난 기질이나 몸을 바꿀 수는 없다. 어릴 때부터 무슨 놀이를 하고 무슨 책을 읽었는지 어떤 학창 시절을 겪으면서 어떻게 살아왔는지가 고스란히 자기 안에 축적되어 있다. 다만 매 순간을 자각하기보다 시간의 흐름에 휩쓸려 살다 보니 자기가 어떤 사람인지 깨닫기가 어려울 뿐이다. 자아 찾기보다 더 정확한 표현은 '재발견'일 것이다.

지난주에 방송을 준비하느라 영화 〈내니 다이어리〉를 봤다. 이 영화는 취업을 위한 면접에서 자신에 대해 설명해 보라는 질문을 받고 패닉에 빠지는 주인공 애니의 모습으로 시작된다. 간단한 질문이라고 생각했는데 막상 대답을 하려고 하니 생년월일, 고향과 같은 기본적인 사항을 제외하고 진짜 내가 누구이고 적성이 무엇이며 어떤 사람이 되야 할지는 답할 수 없다는 사실을 깨달은 것이다. 그리고 그녀는 우연한 기회로 자신이 살았던 환경과 전혀 다른 상류층 집안에 유모로 들어가 아이를 돌보면서 자신이 가지고 있던 가치관과 진정으로 원하는 삶의 모습이 무엇인지를 깨닫게 된다. 영화는 다음과 같은 말로 끝이 난다. "인류학자들의 속설에 진정한 자아를 찾으려면 낯선 환경을 경험해 봐야 한다는 말이 있다. 유모로 사는 동안 마침내 나 자신이 누군지 알게 되었다."

실제로 인류학은 '현지 조사' 즉 낯선 문화를 가지고 있는 곳을 찾아가 오랫동안 그곳에 머물면서 다른 문화를 관찰하는 방식으로 연구를 한다. 이 과정을 통해 다른 문화를 이해할 수 있게 될 뿐만 아니라 결과적으로는 자신의 문화를 더 명확하게 규명할 수 있게 된다고 한다. 다른 문화를 경험하고 나면 그동안 당연하고 익숙하게만 받아들였던 자신의 문화가 낯설게 보이고, 미처 알아보지 못한 부분들이 하나둘 눈에 들어오면서 객관적으로 설명할 수 있게 되기 때문이다.

내가 어떤 사람인지 알고 싶다면 낯선 자극과 부딪히면서 익숙한 것을 다시 새롭게 볼 수 있어야 한다. 나와 전혀 다른 모습으로 산 사람을 만나거나 낯선 곳으로 여행을 떠나는 식으로 말이다. 갑작스러운 환경 변화 속에서 습관적이고 수동적으로 행동했던 나를 다시금 발견하고, 혹여 그 과정이 괴롭거나 실패로 돌아가더라도 내가 어떤 사람인지를 깨닫게 된다.

예를 들어 외국 여행에서 갑자기 비행기를 놓치고 갈 곳이 없는 상황에 처했다고 하자. 도와줄 사람이 아무도 없고 언어도 제대로 통하지 않는 곳에서 문제를 해결하는 방식은 여러 가지가 있을 것이다. 손짓 발짓과 그림까지 동원해 호텔을 구할 수도 있고 에라 모르겠다는 생각으로 공항에서 노숙을 강행할 수도 있다. 그러는 동안 내가 잘 모르는 사람에게도 거침없이 말을 거는 적극적인 면이 있다는 것을 발견할 수도 있고, 혹은 예상치 못한 사건 앞에서는 모든 두뇌 활동이 정지한 것처럼 패닉에 빠져 아무것도 할 수 없는 사람이라는 것을 깨닫게 될 수도 있다. 이런 부분들은 평소에도 크고 작은 부분에서 드러나는 것이지만 정작 본인 스스로는 알아채지 못하는 경우가 많다. 그러나 갑작스럽게 나 자신을 낯설게 봄으로 인해 더 분명하게 자신에 대해 알게 된다.

문제는 평범한 사람이 매번 나와 나를 둘러싼 환경을 낯설게 보고 자신을 재발견하기가 쉽지 않다는 것이다. 생각해 보라. 우리 삶은 똑같은 일상이 매일 반복되고 나이가 들수록 인간관계도 좁아진다. 낯선 경험을 하기도, 무뎌진 눈으로 일상을 새롭게 발견하기도 쉽지 않다. 오히려 거듭되는 경험을 통해 편협한 시각을 갖게 될 확률이 높다. 새로운 사람을 만나도 '저런 타입의 사람을 몇 명 만나 봤지. 대화가 전혀 안되는 피곤한 스타일이야'라는 식으로 생각하게 된다.

이런 한계점을 극복하게 해 주는 것이 바로 독서다. 책에는 저자의 삶과 생각 혹은 그가 본 세상의 모습이 담겨 있다. 그러므로 책 한 권을 읽는 것은 낯선 사람과 관계를 맺고 새로운 세상을 만나는 것과 마찬가지다.

책은 나를 비춰 주는 거울이다

얼마 전 나는 셰릴 샌드버그의 『린 인』을 읽었다. 이 책은 저자

샌드버그가 아이를 낳고 엄마 역할을 병행하면서 페이스북 최고 운영책임자가 되기까지 겪은 자신의 경험을 토대로 여성 스스로 자신의 잠재력을 발견해서 리더의 자리에 오르기 위해 필요한 마음가짐과 구체적인 조언을 담은 책이다. 이 책에서 가장 인상 깊었던 것은 같은 회의 테이블에서도 여성은 한 걸음 뒤로 물러서는 경향이 있다는 말이었다. 그녀는 지위 고하를 막론하고 동등한 발언 기회를 가질 수 있는 회의라고 하더라도 여자들은 스스로 뒤쪽에 앉아 소극적으로 참여한다고 지적했다. 누군가 눈치를 준 것도 아닌데 말이다. 샌드버그는 당당하게 회의 테이블에 앉아 손을 들고 발언을 하지 않으면 좋은 의도를 가진 관리자도 당신을 알아봐 줄 수 없으니 앞으로 나서야 한다고 말한다.

사실 이 책은 내가 지금까지 전혀 관심 갖지 않았던 주제를 다루고 있다. 우선 내 주변에 일하고 있는 여성이 많지 않은데다가 여성이 사회생활을 한다는 것에 대해 진지하게 생각해 본 적도 없기 때문이다. 그러다 우연히 방송에서 만난 출연자가 사회생활을 할 때 힘들었던 시기가 있었는데, 이 책이 도움이 많이 되었다는 말을 하기에 읽어 보았다.

하지만 이 책으로 인해 그동안 내가 여성들과 함께 일하면서 무심코 했던 행동들을 돌아보면서 여성을 배려하고 있다고 생각하면서도 그 생각 이면에는 편견이 깔려 있었다는 것을 깨달았다. 여자 제자가 결혼을 한다고 할 때 이제 곧 그만둘 수도 있겠다고 생각하며 무의식적으로 프로젝트에서 제외시키려고 했던 것은 아닌지, 학생들이 질문을 할 때도 남녀 구분 없이 고르게 기회를 주었는지 등에 대해 고민하게 됐다.

만약 내가 이 책을 읽지 못했더라면 여학생들에게 성장의 기회를 충분히 주고 있는 선생님인지에 대해 따져 볼 수 없었을 것이다. 좋은 선생님이 되기 위한 고민이라는 부분에서는 내가 연구해 온 주제와 맥락을 같이 하지만 지금까지는 한 번도 생각해 보지 못했던 새롭고도 구체적인 방향을 알려 주었다. 비록 책 한 권을 읽은 것에 불과하지만 스스로도 깨닫지 못했던 나의 모습을 돌아보고 의미 있는 가르침을 얻었기에 새삼 더 다양한 분야의 책을 찾아 읽어야겠다는 다짐을 했더랬다.

내 생각과 비슷한 생각이 담겼든 전혀 다른 생각을 다루고 있든 더 많은 책을 읽음으로써 내 자신의 모습이 점차 뚜렷해진다. 책에 담긴 생각들이 나를 비춰 주는 거울 역할을 하기 때문이다. 그러는 동안 내게 주어진 일만 하면서 그것과 관계된 생각만 하던 사람이 전혀 다른 방향으로 생각을 뻗어나갈 수 있게 된다. 내가 지금까지 생각하던 방식과 다르다면 어떻게 다른지 점검하며 반성하고, 그 속에서 배울 것은 없는지 탐구할 수 있다. 그리고 설령 모든 것을 이해할 수는 없더라도 나와 다른 생각과 삶의 모습이 있다는 사실을 깨닫는다.

이렇게 내가 어떤 인간인지를 재발견하고 더 나은 모습으로 바꿔 가는 동안 궁극적으로는 나를 어제보다 더 나은 사람으로 만들 수 있으며, 내 삶의 지향점과 진정으로 이루고 싶은 꿈을 선명하게 그려 나갈 수 있다. 만약 책을 읽지 않고 내가 직접 경험한 것을 통해 성장하고자 한다면 평생을 바친다 해도 이룰 수 없는 일이다.

한 가지 주의할 점은 그만큼 다양한 책을 읽어야 한다는 것이다. 내 생각과 비슷한 책만 골라 읽는 사람들이 있는데 굉장히 위험한 독서법이다. 이런 독서는 생각을 넓히는 것이 아니라 오히려 좁게 만들고 자신을 편협한 인간으로 만든다. 물론 내가 좋아하고 흥미를 가진 분야의 책을 찾아 읽으며 나와의 연결점을 이어 나가는 것은 중요하지만 정반대의 지점에 서 있는 생각들을 살펴보면서 균형감을 찾아야 한다. 어떤 생각이든 절대적인 것은 없으며 어떤 것이 근본적인 진리를 지향하는지 고민하는 동안 세계관이 넓어진다.

하나의 사실을 옳다고 믿으면 몸과 마음이 편할지 몰라도 사고는 정지해 버린다. 내 생각과 다르기 때문에 동의할 수 없는 부분들을 무조건 부정하지 말고 어떤 점이 나와 다른지 찬찬히 살펴 볼 필요가 있다.

내가 진짜로 하고 싶은 일이 뭔지 잘 모르겠고 막연한 미래가 두렵다며 내 연구실 문을 두드리는 청년들이 있다. 내가 나이도 많고 비슷한 고민을 하는 또래들을 가르치고 있으니 뭔가 특별한 조언을 해 줄 거라 기대하는 모양이다. 그렇지만 나 역시 '나를 찾는 법' 같은 것은 모른다.

대신 나는 과거부터 현재까지 읽은 책에 당신이 어떤 사람인지 힌트가 담겨 있을 테니 지금까지 읽었던 책들을 한번 점검해 보라고 말해 준다. 그 안에 내가 무엇을 좋아하고 어떤 가치관에 동의했는지 어떤 모습의 삶에 흥미를 느꼈는지가 모두 담겨 있으니 말이다. 만약 읽은 책이 몇 권 없어서 본인조차 우물쭈물하고 있다면 이제부터 책을 읽으면서 찾아가면 된다. 책 한 권 한 권이 나를 비춰 주는 거울이 되어 나조차도 몰랐던 나의 모습을 재발견할 수 있도록 도와줄 것이다.

나를 웃게 하는
책 한 권의 힘

최근 일본에서는 직장인들의 심리적 부담 정도를 파악하는 '직장 스트레스 검사'를 기업에서 의무적으로 도입하는 방안이 논의되고 있다. 15년 전과 비교해 보았을 때 스트레스와 우울증을 호소하는 사람들이 2배 이상 늘어났고, 이런 부담을 이기지 못해 한 달 이상 일을 하지 못하거나 퇴직하는 경우가 많아졌기 때문이란다. 일본인이 생각과 감정을 잘 드러내지 않는 성향을 가지고 있어 업무 스트레스를 제대로 풀 수 없는 것도 이런 현상을 만든 이유 중 하나일 것이다.

현대인에게 스트레스가 불가피한 일이라면 남은 것은 어떻게 스트레스를 관리할 것인가의 문제다. 그렇지만 막상 자신에게 유효한 스트레스 관리법을 아는 사람은 별로 없는 것 같다. 닛케이 신문의 설문 조사 결과를 보니 스트레스를 풀기 위해 일단 잔다, 단 것을 먹는다, 충동구매를 한다와 같은 답들이 압도적으로 많았다. 몸의 피로와 머리의 스트레스를 풀기 위한 근본적인 방법이라기보다는 일시적이고 감각적으로 즐기기 위한 방법들이다.

그런데 얼마 전 영국에서 재미있는 연구 결과가 발표됐다. 영국 서섹스대학교 인지심경심리학과 데이비드 루이스 박사팀의 연구 결과에 따르면 독서, 산책, 음악 감상, 게임, 커피 마시기 등 스트레스를 풀기 위한 방법으로 흔히 떠올리는 활동들 중 가장 효과가 좋은 것은 바로 독서라고 한다. 6분 정도 책을 읽으면 스트레스가 68퍼센트 감소되고, 근육 긴장이 풀어지며 심박수가 낮아지는 것으로 밝혀졌다. 다른 활동도 스트레스를 줄이는 역할은 하지만 독서에는 미치지 못하는 수준이고, 게임의 경우 스트레스는 줄어들지만 심박수는 높게 나타났다. 이 연구를 진행한 루이스 박사는 "독서는 현실에서 탈출하고 싶은 욕구를 잘 충족시켜 준다. 무슨 책을 읽는지는 중요하지 않다. 다만 작가가 만든 상상의 공간에 빠져 일상의 스트레스와 걱정에서 탈출할 수 있으면 된다"고 전했다.

내가 스트레스를 이겨 내는 법

내가 평소 사람들에게 "나는 독서로 스트레스를 푼다"라는 말을 하면 사람들은 재미없는 농담은 그만했으면 하는 듯한 눈빛으로 본다. 농담 반 진담 반 섞어 한 말인데, 실제 연구 결과가 그렇다고 하니 나도 깜짝 놀라고 말았다.

혼자서 도쿄에 올라와 재수를 하던 시절을 생각하면 자동으로 떠오르는 책이 한 권 있다. 바로 로맹 롤랑의 『장 크리스토프』이다. 주인공 크리스토프의 소년 시절부터 죽을 때까지 전 인생을 그린 소설로 장장 10권이나 되는 방대한 분량이다. 처음에는 공부를 마치고 집에 돌아와도 이야기 나눌 사람도 없으니 책이라도 읽자는 마음에 이 책을 집어 들었다. 그러면서도 이 많은 분량을 언제 다 읽지 했는데 2권에 들어서면서 나도 모르게 푹 빠져들었다. 중간쯤 읽었을 때는 남은 분량이 얼마 안 남은 게 너무 아쉬워서 일부러 천천히 읽을 정도였다.

지금 생각해 보면 독서 자체가 주는 쾌감도 컸지만 주인공의 인생을 따라 울고 웃으면서 내가 지금 겪고 있는 어려움과 고민들을 잠깐 내려놓을 수 있는 휴식의 의미가 컸다. 공부하느라, 낯선 사람들 사이에서 적응하느라 신경이 곤두서 있고 스트레스에 시달렸는데 크리스토프의 인생에 몰입하는 동안 내 현실을 잠시 잊을 수 있었다. 문제가 사라지는 것은 아니지만 나를 괴롭히는 문제들로부터 잠깐이나마 떨어져 쉴 수 있다는 것만으로도 머릿속이 좀 맑아지는 느낌이었다.

그렇다고 마치 게임처럼 가상의 세계로 도피를 했던 것은 아니다. 그가 역경을 이겨 내는 과정을 따라가면서 카타르시스를 얻었고 그렇다면 나는 내 앞에 놓인 고비들을 어떻게 뛰어넘을 것인지 자문자답하면서 다시 현실과 겨룰 힘을 얻었다.

이후로 나는 스트레스에 시달리며 힘이 들 때마다 책을 읽는다. 밝고 긍정적인 내용의 책이 아니라고 해도 책을 읽는 행위 자체만으로 자연스럽게 기분이 전환되고 털어 내고 싶었던 감정들이 사라지는 것을 느끼기 때문이다.

공포 소설을 읽고 웃음을 되찾았다면 믿겠는가. 몇 년 전 그런 경험이 있다. 당시에 나는 갑작스러운 우울감에 빠져 있었다. 항상 젊게 산다고 자부해 왔는데 오십을 앞두고 나니 갑자기 내가 돌이킬 수 없게 늙어 버렸다는 생각이 든 것이다. 생각도 나이가 들었고 그래서 인생에서 재미있는 일은 더 이상 생기지 않을 것 같다는 건방진 생각에 빠졌다. 보통 이럴 때 밖으로 나가 산책을 하라거나 친구를 만나 수다를 떨라고 하는데 그것마저도 귀찮고 하기 싫었고, 즐겨 듣던 음악도 듣지 않았다.

그날도 거실에 멍하니 앉아 있는데, 아내가 읽다 둔 책이 눈에 들어왔다. 스즈키 코지의 소설 『링』이었다. 공포 소설은 좋아하지 않지만 그날은 어쩐지 호기심이 생겨 첫 장부터 읽기 시작했다. 워낙 인기 있는 소설이라 무섭다는 이야기를 듣기는 했지만 정말 무서웠다. 텔레비전 속에서 귀신이 튀어나오다니 말도 안 되는 이야기지만 책을 읽다 보니 자연스럽게 그 장면이 머릿속에서 그려졌다. 책을 다 읽고 난 뒤에도 자꾸만 책 내용이 생각나고 그때마다 소름이 끼칠 정도였다.

며칠 뒤, 집에 돌아왔는데 아무도 없고 집이 텅 비어 있었다. 평소 같았으면 아무렇지 않았을 텐데 갑자기 책 내용이 떠오르는 게 아닌가. 너무 무서워져서 온 방을 돌아다니며 불을 켜고 음악을 틀어 놓았다. 두근거리는 마음을 진정시키고 나니 갑자기 웃음이 터져 나왔다.

웃기지 않은가. 오십이 다 되어 가는 남자가 단지 책 한 권을 읽은 것 때문에 무서움에 떤다는 사실이. 그저 종이 위에 활자를 늘어놓은 것에 불과한 책을 읽고 이렇게 난리를 친다는 게 스스로도 너무나 우습게 느껴졌다. 그렇게 한참을 웃고 나니 뭔가 가슴이 뻥 뚫리는 기분이었다. '나에게도 아직 이렇게 아이 같은 면이 있구나, 내 상상력도 녹슬지 않았구나'라는 생각이 들면서 아직도 내가 경험할 수 있는 재밌고 웃긴 일이 더 많을 것이라는 깨달음이 온 것이다. 그동안 나를 짓눌러 왔던 우울감이 스르르 사라지는 순간이었다.

책은 긍정적인 에너지를 준다

그러고 보면 책은 우리의 감정을 순화시키고 배설하게 만드는 데 매우 탁월한 도구라는 생각이 든다. 책에 집중하며 몰입하는 동안 나를 짓누르고 있던 스트레스와 부정적인 감정에서 잠시 탈출해서 그 감정들을 객관화할 수 있다. 내가 『링』을 읽고 어리석은 감정에서 벗어난 것처럼 말이다.

또 즐겁고 밝은 내용의 책을 읽고 기분을 바꿀 수도 있고, 슬플 때 더 슬픈 내용의 책을 읽고 엉엉 울면서 털어 버리는 식으로 감정을 다스릴 수도 있다. 책에 등장하는 인물이나 저자의 생각에 나를 동일시하면서 공감하고 위로를 받기도 한다. 흰 종이 위에 적힌 검은색 글자를 보고 즐거움이나 공포를 느끼고 흥분하기도 한다니, 어떻게 보면 이상하기도 하지만 정말 놀라운 일이 아닌가 싶다.

더 나아가 저자가 만든 세계에 갇히지 않고 그 이상의 의미를 창조하고 스스로 즐김으로써 지적 즐거움을 음미하는 것은 독서만이 줄 수 있는 특별한 경험이다. 내 머릿속에 지식이 차곡차곡 쌓이는 것 같은 쾌감을 느끼기도 하고, 뒷이야기가 너무 궁금해서 잠을 이룰 수 없을 정도로 빠져드는 몰입을 경험하기도 한다. 이렇게까지 창조성과 주체성이 보장되는 활동이 또 있을까? 우리가 책을 읽으면서 단순히 '재미있다'는 느낌 이상으로 내적인 충만함과 성취감을 느끼는 것은 이런 특성 때문일 것이다.

아무리 바쁘고 없는 시간을 쪼개서 읽어야 할 책이 쌓여 있더라도 그런 책과는 별개로 내가 진짜 좋아하고 꼭 읽고 싶은 책 한 권을 골라 가까이에 두길 바란다. 머리가 터질 것처럼 복잡하거나 화가 날 때, 스트레스로 아무것도 하고 싶지 않을 때 좋아하는 책을 읽으면 숨통이 트이는 기분을 느낄 수 있기 때문이다. 그 책을 마음의 쉼터로 삼아 지친 몸과 마음을 재충전하고 나면 다시 문제를 마주할 힘이 생긴다.

무엇보다도 책을 읽는다는 건 재미있는 일이다! 그러니 누군가는 전철 안에서 책을 읽다가 내려야 할 역을 지나치기도 하고, 책의 마지막 페이지가 얼마나 남았는지 확인하면서 아껴 읽는

것이 아니겠는가. 하루하루 팍팍한 일상 속에서 단 10페이지라
도, 단 30분이라도 책을 읽으며 즐거움을 만끽하길 바란다.

한 번뿐인 인생을
후회 없이 사는 법

얼마 전, 대형 중고서적 체인점 북오프의 창업자 사카모토 다카시가 쓴 『나의 이탈리안, 나의 프렌치―크게 이기는 경쟁 우위성의 구축』을 무척 재미있게 읽었다. 사카모토 다카시는 1991년 북오프 코퍼레이션을 설립하고 사장으로 취임한 뒤 2007년에 은퇴했다. 그는 이 책에서 그동안의 인생 역정과 은퇴 후 '나의 이탈리안', '나의 프렌치'라는 레스토랑을 창업하는 과정을 털어놓고 있다.

책에 따르면 다카시는 북오프로 큰 성공을 거뒀고 이제 은퇴도 했으니 따뜻한 남쪽 섬에서 골프나 치면서 한가롭게 지낼 생각이었다고 한다. 그러던 차에 평소 그가 존경하던 교세라의 창업주이자 '경영의 신'이라 불리는 이나모리 가즈오가 정부의 요청으로 일본항공의 회장을 맡았다는 소식을 접한다. 그는 이나모리 가즈오 정도라면 이제 은퇴를 해서 편안한 삶을 즐겨도 될 텐데 도전을 멈추지 않는 것을 보고 매우 놀랐다고 한다. 그래서 '나 역시 일선에서 물러나 한가롭게 은퇴 생활을 즐길 때가 아니다'라는 각오로 레스토랑 사업을 시작한 것이다.

그는 이나모리 가즈오의 책을 모두 구입해 시간이 날 때마다 읽고 또 읽는다면서 '가즈오는 나에게 스승이나 다름없는 분이다. 그의 인격, 열정, 그리고 살아가는 방식을 비롯한 모든 것에 영향을 받았다. 존경하는 스승이 새로운 도전에 뛰어드는 것을 보고 나도 새로운 삶을 살아야겠다는 다짐을 했다'며 책으로 스승을 만나고 인생의 항로를 바꾸었다고 고백했다. 다카시는 마음이 흐트러질 때마다 가즈오의 책을 다시 읽으며 경영에서 잊지 말아야 할 기본을 확인하고 실무에 활용한다고 한다. 삶의 태도를 점검하고 인생을 바꾸는 살아 있는 독서다.

책이 내게 가르쳐 주는 것들

나 역시 책을 읽고 나만의 스승으로 삼아 따르는 것을 무척 좋아

한다. 책을 읽을 때마다 직접 만날 수는 없지만 나에게 가르침을
주는 선생님이라고 생각하는 것이다. 이런 마음가짐으로 독서를
하며 얻으려고 하는 것은 두 가지다. 인생을 어떻게 살아가야 하
는지를 알려 주는 지혜와 더 열심히 살아야겠다는 동기부여다.
내가 전공하고 있는 분야와 무관해도, 책의 저자와 나의 지적 수
준 차이가 크더라도 어떤 책이든 이 두 가지를 얻을 수 있다.

얼마 전 읽은 재즈 트럼펫 연주자 마일스 데이비스의 자서전
도 나와는 연결 고리가 전혀 없어 보이지만 큰 감동과 깨달음을
주었다. 그는 찰리 파커와 같은 천재적인 연주자에게 가르침을
받기도 했지만 절대 실력을 자만하지 않았다. 자신보다 훨씬 젊
고 경력이 짧은 연주자들과 어울리며 그들에게서도 배울 것을
찾으려 했고 도서관을 찾아다니며 초심과 열정을 잃지 않기 위
해 애썼다. 나와는 다른 분야에서 성공한 사람이지만 자신의 위
치에 안주하지 않고 계속해서 성장하기 위한 노력을 기울여야
한다는 것을 배웠고, '마일스 데이비스가 한 것처럼 나도 내 분야
에서……' 하고 의지를 다졌다.

또 이런 경우도 있다. 8년 동안 대학원에서 기약 없이 공부를
하다 처음 전임강사로 취직을 했을 때 엄청나게 기뻤지만 2백만
엔이라는 적은 연봉으로 생활을 꾸려 가야 했다. 그나마 수업이

있는 학기 중에는 괜찮았지만 방학 동안에는 먹고살기가 빠듯해졌다. 그래서 나보다 어린 후배들이 일하고 있는 과 사무실에 가서 월급이 언제 들어올지 일일이 물어보고 다녀야 했고, 지원금을 받을 수 있을까 싶어서 어려운 집안 상황을 구구절절 적은 신청서를 작성하기도 했다. 돈 문제로 귀찮은 듯이 나를 대하거나 싫은 소리를 하는 사람들을 만날 때마다 이런 내 처지가 비참하게 느껴졌고 공부에 대한 의욕이 사라졌다.

그럴 때마다 내 마음을 다잡도록 도와준 것은 사마천의 『사기』였다. 억울하게 치욕적인 형벌을 받았지만 끝내 살아남아 『사기』를 쓴 사마천을 떠올리면서 이만한 일로 낙담해 의욕을 잃는다면 그야말로 사마천 앞에 면목이 서지 않는다고 나를 다독였다.

만약 '기약 없는 대학원 생활은 그만둘까'라는 고민을 했을 때 그 고비를 넘지 못하고 대학을 박차고 나갔다면 지금 교단에 설 수 없었을 것이다. 사마천이 계속해서 공부를 하는 게 좋을지 말지에 대한 답을 직접적으로 준 것은 아니었지만 어떻게 사는 것이 현명한지를 판단하고 버틸 수 있도록 힘이 되어 주었다고 생각한다. 덕분에 나는 잠깐의 어려움에 눈이 어두워져 섣부른 결정을 내리지 않을 수 있었다.

정답은 없지만 기준이 있다

살다 보면 수많은 결정의 순간에 맞닥뜨린다. 이 프로젝트를 맡을 것인가 거절할 것인가, 이직을 할 것인가 말 것인가와 같은 문제에서부터 내 마음에 들지 않는 사람과의 관계를 어떻게 풀어 갈 것인가 혹은 결혼을 언제 해야 가장 좋을까 같은 고민도 있다. 지금이 인생을 좌지우지할 수 있는 중요한 순간이라는 것은 알겠는데 그래서 과연 어떻게 판단하고 어떤 결정을 내려야 할지 알 수 없기 때문에 사람들은 깊은 고민에 빠진다. 답답한 마음에 친구나 동료를 붙잡고 고민 상담을 하기도 하고, 익명의 힘을 빌려 인터넷에 글을 올리는 사람도 있다.

그러나 어디에도 정답은 없다. 책도 마찬가지다. 이것이 절대적인 진리라고 말하는 책, 이렇게 살면 행복해질 거라 설파하는 책들도 분명 존재하지만 길게 보면 어리석은 확신에 불과하다. 지성의 발전에 따라 모든 진리는 상대적으로 평가될 수밖에 없고, 인생을 사는 법도 사람에 따라 천차만별이라 누구나 동의할 수 있는 단 하나의 행복한 삶을 정의하기란 쉽지 않다.

그럼에도 내가 감히 책을 읽으면 우리가 좀 더 지혜롭게, 후회 없이 살 수 있다고 말할 수 있는 것은 독서로 '기준'을 찾아갈 수 있기 때문이다. 책에는 나와 비슷하게 혹은 정반대의 모습으로 살고 있는 수많은 사람들의 생각과 삶이 담겨 있어서 책을 한 권씩 읽을 때마다 참고할 수 있는 데이터가 하나씩 늘어난다.

처음에는 이 데이터들이 각자 전혀 다른 곳을 향하고 있는 것처럼 보일 수도 있다. 그렇지만 꾸준하게 책을 읽으면서 서로 비교해 보면 나에게 잘 맞으면서도 대다수의 사람들이 동의할 수 있는 어떤 균형점을 찾아갈 수 있게 된다. 데이터가 더 많으면 많을수록 실험 결과는 좀 더 정확해지는 것처럼 말이다. 간접적으로나마 경험한 삶의 모습이 더욱 많아질수록 후회할 확률이 적은 판단을 내릴 수 있고 인생을 살아가는 지혜도 쌓인다.

물론 내 인생을 이끌어 주는 책을 한두 권 찾는 것도 매우 중요하다. 내게도 『논어』나 일본의 학자 후쿠자와 유키치처럼 내 인생의 책, 내 인생을 이끌어 주는 스승이라 점찍고 항상 가까이하는 책은 있다. 그렇지만 내 성격이나 삶의 방향과 대체로 일치하고 믿고 따를 만한 책이라는 판단을 하기까지는 그만큼 다양한 책을 폭넓게 읽어야 한다. 내 인생의 책을 섣불리 정하는 것만큼 위험한 일은 없을 테니 말이다.

언제부터인가 '실패할까 봐 두렵다', '후회하느니 하지 않는 게 낫다'며 무슨 일이든 소극적으로 대응하고 책임을 회피하는 사람들이 늘어났다. 이런 20대, 30대 젊은이들을 보고 나약해졌다는 둥, 정신력을 키울 필요가 있다는 둥 질타 섞인 눈길을 보내는 사람도 있다. 이들을 나무라기 전에 다양한 경험을 쌓을 수 있도록 기회를 주어야 하는데도 말이다.

생각해 보라. 처음에 어떤 일을 시작할 때는 작은 일에도 심한 스트레스를 받는다. 누구에게 도움을 청해야 할지, 어떤 수순으로 일을 해결해야 할지 아는 게 전혀 없기 때문이다. 그런데 실수를 연발하면서도 2~3년을 버티다 보면 경험이 쌓이면서 적응법을 찾게 되고 심지어 자신만의 노하우가 생긴다. 자연히 더 어려운 일도 수월하게 넘길 수 있게 되는 것이다.

그렇지만 슬프게도 세상은 갈수록 각박해지고 다양한 경험을 해 볼 수 있는 기회는 자꾸만 줄어들고 있다. 실패하든 성공하든 이런저런 경험을 해 봐야 나름대로 인생을 살아갈 내공과 지혜가 쌓이는 데 말이다. 앞으로 살아갈 인생이 많이 남은 젊은 사람일수록 더 많은 책을 읽어야 하는 이유가 여기에 있다.

세상은 점점 더 기회를 주지 않을 것이고, 그만큼 후회하지 않을 결정을 내리는 것은 더욱 중요해질 것이다. 경험과 지혜가 부족하다면 평소에 지혜로운 사람들이 걸어온 길을 따라 걷는 독서를 부지런히 해 두어야 한다. 그렇게 독서가 쌓일수록 내가 어디로 가고 있는지, 제대로 살고 있는지 모르겠다는 불안감은 차차 사라지고 후회 없는 인생을 살 확률은 높아질 것이다.

인생은 책을 얼마나
읽었느냐에 따라 달라진다

하루에 단 10분이라도
책을 읽는 습관을 만들어라.
책을 읽는 만큼 인생도 바뀌고 있음을
실감하는 날이 오게 될 것이다.

꾸준히 읽는 사람만이
인생을 바꿀 수 있다

미국의 석유 사업가이자 록펠러 재단을 세운 존 데이비슨 록펠러는 가난한 가정에서 태어났다. 어린 시절 어머니의 칠면조 기르는 일을 돕고 그 대가로 용돈을 받았을 때, 그는 처음으로 번 돈을 다른 곳에 쓰지 않고 벽난로 선반 위에 있는 컵 속에 전부 모아 두었다. 20센트, 30센트씩 모으던 돈이 50달러가 되었을 때 그가 느낀 성취감은 이루 말할 수 없었다. 게다가 그 50달러를 누군가에게 1년 동안 빌려 준다면 열흘 동안 농장에서 힘들게 일한 것과 똑같은 금액을 힘들이지 않고 이자로 받을 수 있다는 사실을 알았을 때는 인생을 바꿀 결심을 했다. '돈의 노예로 사는 게 아니라 돈을 나의 노예로 만들자'는 것이었다.

그 이후 그는 철저하게 돈을 관리하기 위해 그날 쓴 돈을 1센트까지 꼼꼼하게 적어 넣는 용돈 기입장을 작성하기 시작했다. 이 습관은 죽을 때까지 이어져서 매일 하루를 끝내고 자기 전에 일기 대신 회계 장부를 썼다고 한다. 이렇게 어린 시절부터 남다른 경제관념을 가지고 있었던 록펠러는 훗날 석유 사업으로 엄청난 재산을 모으게 된다. 태어날 때부터 주어진 환경을 극복하고 스스로 인생을 변화시킨 것이다.

혹자는 록펠러가 부자가 될 수 있었던 것은 그가 그만큼의 능력과 강한 열망이 있었기 때문이라고 말하기도 한다. 그렇지만 나는 그가 어렸을 적부터 돈을 아끼는 습관을 가지고 있었기에 부자가 될 수 있었다고 생각한다. 만약 그가 돈이 생길 때마다 헛되이 썼더라면 20센트, 30센트가 50달러로 불어나는 즐거운 경험을 할 수 있었겠는가. 매일 꾸준히 용돈 기입장을 쓰는 습관이 있었기 때문에 결국 어마어마한 돈을 자기 쪽으로 끌어모을 수 있었던 것이다.

습관을 바꾸면 인생이 바뀐다

'세 살 버릇 여든까지 간다'는 말이 있다. 좋은 것이든 나쁜 것이든 어릴 때 몸에 밴 버릇은 늙어 죽을 때까지 고치기 힘들다는 뜻이다. 나쁜 버릇이라면 그야말로 답답한 노릇이겠지만 좋은 습관이라면 그 사람의 인생은 자동적으로 좋은 방향으로 흘러갈 것이다.

아이가 어릴수록 공부를 잘하는 것보다 짧은 시간이라도 매일 집중해서 공부하는 습관을 길러 주는 것이 더 중요하다고 말하는 것은 이런 맥락에서다. 공부는 단 시간에 잠깐 노력을 하는 것으로는 장기적으로 좋은 성과를 얻기 힘들다. 노력한 만큼 성과가 나지 않는 슬럼프가 오거나 외부적인 요인으로 공부에 집중할 수 없는 순간이 오더라도 꾸준히 공부하는 습관을 들여 놓은 아이는 금세 공부에 집중해서 다시 제 속도를 찾을 수 있다. 그러나 매일 공부하는 습관이 없이 시험이 있을 때마다 벼락치기를 한 아이는 공부의 난이도가 높아질수록 한계에 부딪히게 된다. 처음 들인 공부 습관에 따라 아이의 10년 후는 물론 미래가 결정된다고 해도 과언이 아니다.

다시 말해 어떤 일을 잘하고 싶다면 초반에 좋은 습관을 기르는 것만큼 중요한 것은 없다. 한번 나쁜 습관이 들어 버리면 바꾸기 어렵고, 습관이 아예 없다면 아무리 의지가 강해도 실천으로 옮기기 쉽지 않기 때문이다.

다이어트를 해 본 사람이라면 습관의 힘이 얼마나 강력한지 잘 알 것이다. 인스턴트 음식을 즐겨 먹거나 늦은 밤에 야식을 먹는 식습관을 가지고 있다면 아무리 힘들게 운동을 하고 식사를 굶어도 살을 빼기가 쉽지 않다. 잠깐의 노력으로 효과를 볼 수 있겠지만 오래 유지하기 위해서는 나쁜 식습관을 건강한 식습관으로 바꿔 주어야 한다. 인스턴트 대신 야채와 과일 먹기, 저녁 8시 이후에는 금식하기 같은 습관을 매일 실천하는 것처럼 말이다.

만약 당신이 인생을 변화시키고 싶다면 습관을 만드는 것에서부터 시작하면 된다. 즉 공부를 잘하고 싶다면 매일 일정 시간 이상 꾸준하게 공부하는 습관을 만들어야 하고, 돈을 모으고 싶다면 매일 단 천 원이라도 모으는 습관을 들여야 한다. 그렇게 습관을 만들어 놓으면 저절로 하루가 바뀌고 한 달이 바뀌며, 더 나아가 인생이 바뀐다. 내가 미처 알아차리지도 못하는 새 말이다. 아마 록펠러 그 자신도 어린 시절 우연히 만들어진 돈을 관리하는 습관이 자신의 인생에 어떤 영향을 주게 될지 몰랐을 것이다. 그러나 몸에 밴 저축 습관은 결국 자신의 인생을 바꿀 수 있는 동력이 되었다.

후회 없는 인생을 살고 싶다면 꾸준히 책을 읽어라

독서가 인생을 변화시켰으며 그래서 후회 없는 인생을 살고 있다고 말하는 사람들의 공통점은 꾸준히 책을 읽는다는 것이다. 새해가 되어 책을 읽겠다는 계획을 세우고 한두 달 노력하다가 흐지부지 그만둬 버리는 것이 아니라 매일 아주 조금씩이라도 책을 읽고 주기적으로 서점에 들러 책에 대한 관심을 잃지 않기 위해 애쓴다. 그렇게 성실하게 읽은 독서량이 쌓여서 어떤 일도 자신감 있게 해낼 수 있는 밑거름이 되고, 중요한 결정을 할 때 헤매지 않을 기준이 되어 준다.

당신은 어떤가? 매일 혹은 일주일 중 며칠이라도 꾸준히 책을 읽는 습관을 가지고 있다면 당신의 삶은 변화할 수 있다. 그러나 잠시 의욕에 불타올라 책을 몇 권 읽는 것으로는 어림도 없다. 하루에 단 10분이라도 책을 읽는가? 한 달에 책을 얼마나 사는가? 유독 책이 잘 읽히는 나만의 장소나 시간이 있는가? 이 질문에 답할 수 없다면 아무리 책을 읽어야겠다는 의지가 강해도 뜻대로 독서가 되지 않을 것이며 독서로 삶이 바뀌는 변화를 체험할 수도 없을 것이다.

생각해 보라. 독서 습관이 있는 사람들은 시간이 길든 짧든 아주 잠깐이라도 짬이 나면 별 고민 없이 책을 찾아 읽는다. 습관이 없는 사람은 여유 시간이 생겼을 때 책 대신 다른 것을 선택한다. 그러니 머리로는 책을 읽어야겠다고 생각은 하면서도 막상 실천은 되지 않는 것이다. 보통 의지가 강하면 못할 일도 없다고 생각하지만 의지 하나만으로는 사람을 바꿀 수 없다.

특히 독서는 가만히 앉아 책에 집중해야 하는 신체적 · 정신적 활동이라서 2배의 의지가 필요하다. 책을 읽는다고 앉아 있지만 정신이 다른 곳에 가 있다면 소용이 없고, 책에 집중하려고 해도 책상에 앉아 있는 게 좀이 쑤셔 견딜 수 없다면 독서가 제대로 되지 않는다. 의지만으로 저절로 되는 일이 아니기 때문에 어떤 책이든 어려워하지 않고 읽을 수 있는 습관, 신체를 제한하고 집중하는 습관을 먼저 만들어야 한다.

1988년부터 시작된 '아침 독서 운동'은 일단 독서를 하는 습관을 먼저 만드는 것이 얼마나 유용한지를 잘 보여 주는 사례다. 이 운동은 일본의 어느 여자고등학교에서 시작한 것으로 수업 시작 전에 10분 정도 모든 학생들이 각자 책을 읽자는 운동이다. 아침 독서에는 4가지 원칙이 있다.

① 모든 학생과 교사가 참여하기

② 하루도 빠트리지 않고 날마다 읽기

③ 학생이 좋아하는 책을 스스로 고르기

④ 독후감을 쓰지 않고 그냥 읽기만 하기

이 독서 운동의 특징은 바로 아무 부담 없이 좋아하는 책을 읽으면서 독서 습관이 몸에 배도록 하는 것이다. 선생님이 책을 읽으라고 골라 주지도 않고, 어떤 책을 읽었는지 기록을 하거나 독후감을 쓸 필요가 없다. 그저 매일 아침마다 책을 읽는 게 전부다.

아침에 잠깐 책을 읽는 것이 무슨 효과가 있겠느냐고 생각할지도 모르겠지만, 이 운동으로 인해 학생들은 스스로 책을 읽는 재미를 깨우치고 독서 습관을 들인다. 또한 학년이 높아질수록 책 읽는 속도도 빨라지고 독해력, 집중력이 좋아져 전반적인 학업 성취도가 향상된다. 이 운동은 입소문을 타고 지금까지 2만여 개 학교가 참여하고 있다.

당신도 어떤 책이든 좋으니 매일 책을 읽는 습관을 만들어야 한다. 책을 읽고 무엇을 얻었는지는 이 단계에서는 중요하지 않다. 일단 습관을 만들어 놓으면 그다음의 변화는 자연스럽게 일어날 것이기 때문이다. 누가 시키지 않아도 스스로 책을 찾아 읽고 독서량이 늘며, 점차 난이도를 높여 어려운 책도 읽을 수 있게 된다.

책을 읽다 보니 너무 어려워서 도저히 진도가 나가지 않는다면, 그래서 책을 읽기가 싫어지고 습관을 만드는 데 방해가 될 정도라면 그 즉시 책을 덮고 다른 책을 집어도 좋다. 처음에는 일단 책 읽는 습관을 먼저 만드는 것에 집중해라. 그러고 나면 애써 노력하지 않아도 책 읽는 삶을 살게 될 것이며, 인생도 바뀌고 있음을 실감하는 날이 오게 될 것이다.

책 읽을 시간이 없다는
사람들에게

독자들을 대상으로 하는 강연회나 기업 초청 강연에서 가장 많이 듣는 질문 중에 하나가 "이렇게 바쁘신데 언제 책을 읽습니까?"이다. 학교에서 일을 하면서 1년에 몇 권씩 책을 쓰는 것은 물론이고 방송 출연에 수시로 강연까지 하면 책 읽을 시간이 부족하지 않느냐는 소리다. 그러면서도 내가 막상 당신도 할 수 있다고 말하며 방법을 이야기하려고 하면 "저는 회사가 너무 바빠서 책 읽을 시간이 없어요"라며 지레 포기한다. 책을 쓰고 학생들을 가르치는 게 '일'인 나와는 사정이 다르다는 것이다. 자신은 회사에 다니며 업무에 쫓기는 직장인이니 책을 못 읽는 게 불가피한 일이라고 생각한다.

책 읽을 시간이 없다는 것은 핑계다

하지만 나로서는 왜 독서할 시간을 내지 못한다는 것인지 의아하기만 하다. 그래서 책을 읽을 시간이 없다는 말을 들으면 "일부러 책 읽을 시간을 만들기 전에 책을 읽지 못하는 시간이 언제인지를 먼저 생각해 보면 어떨까요"라고 대답한다.

물론 당신은 무척 바쁘고 정신없는 하루를 보내고 있을 테다. 끊임없는 회의와 밀려드는 업무로 그날 해야 할 일도 제대로 끝내지 못하는 날도 있을 것이고, 충분한 휴식을 취할 시간도 부족할 것이다. 이런 틈을 비집고 일부러 책을 읽는 시간을 만들어야겠다고 생각한다면 당연히 부담스럽다. 그렇다면 거꾸로 책을 읽지 못하는 혹은 책을 읽으면 안 되는 시간을 찾아보자.

예를 들어 업무 중이나 회의 시간에는 책을 읽을 수 없다. 그렇지만 점심을 먹고 돌아온 뒤 다시 일을 시작하기 전까지 남은 시간 10분은 어떤가? 그 시간 동안 사람들과 담소를 나누거나 잠깐 눈을 붙일 수도 있지만, 책을 읽지 못할 이유는 없다. 평소에 집에 돌아와 뉴스를 1시간, 드라마를 1시간 본다면 뉴스를 30분만 보고 나머지 30분 동안 책을 읽으면 어떨까. 사실 중요한 뉴스는 처음 시작할 때 주로 나오는 데다, 인터넷을 통해 수시로 뉴스를 접할 수 있기 때문에 끝까지 보지 않아도 괜찮다.

운전 중이거나 일을 하는 중과 같이 책을 읽으면 안 되는 시간, 책을 읽을 수 없는 시간은 얼마 되지 않는다. 오히려 우리가 마음대로 쓸 수 있는 시간들이 생각보다 많다. 그리고 그 시간을 어떻게 사용할 것인가는 자신의 선택에 달렸다. 책을 많이 읽는 사람들은 시간이 많아서 책을 많이 읽을 수 있었던 것이 아니라 누구나에게 똑같이 주어진 시간 동안 책을 읽기로 선택한 것뿐이다.

10분 독서가 가져다 준 변화

내가 바쁜 직장인들에게 독서 시간으로 활용해 보라고 추천하는 시간은 바로 출퇴근 시간이다. 예를 들면 '전철을 타면 휴대폰을 내려놓고 10분간 책을 읽는다'라는 계획을 세우고 실천해 보라는 것이다. 실제로 예전에 내 책을 담당했던 편집자에게도 이 방법을 추천한 적이 있다. 그런데 1년 만에 만난 편집자가 "선생님 덕분에 책 읽는 시간이 늘었어요"라며 말을 꺼냈다.

"책 만드는 일을 하면서도 책을 많이 못 읽고 있다는 게 항상 마음에 걸렸는데, 선생님이 얘기해 주신 말을 듣고 출근길에 10

분만이라도 책을 읽자는 계획을 세웠습니다. 처음에는 10분이 도움이 될까 했는데 은근히 독서량이 늘더군요."

그는 전철로 1시간 정도 걸리는 거리에서 출퇴근을 하는데, 1시간을 모두 독서에 투자하겠다는 부담스러운 계획 대신 10분 독서를 시작했다. 10분이 지났어도 책이 재미있다면 계속 읽어 나갔고, 조금 피곤하다면 과감히 책을 덮고 잠깐 눈을 붙이는 식으로 말이다.

얼핏 보면 굉장히 짧은 시간인 10분은 기대보다 효과가 무척 좋았다. 평소 같았으면 잠깐 졸거나 음악을 들으며 멍하니 보냈을 출근 시간 동안 자신도 모르게 독서에 빠지게 된 것이다. 퇴근하는 길에도 자연스럽게 아침에 읽던 책을 다시 꺼내 읽게 되니 저절로 독서량이 늘어났다. 바쁠 때는 한 달에 책 한 권도 읽기 어려웠는데 출근길 독서를 시작한 이후 아무리 바빠도 1주일에 최소 2권 이상의 책을 읽게 되었다고 한다.

그러는 동안 아침 자투리 시간을 어떻게 사용하느냐에 따라 하루가 달라질 수 있다는 것을 실감했다. 예전에는 매일 잠이 덜 깬 것 같은 기분으로 출근을 해서 오전 내내 일의 능률도 오르지 않고 무기력한 기분에 시달렸다. 그런데 10분 독서를 시작한 후 책을 읽었다는 성취감을 느끼며 맑은 머리로 출근하니 오전 시간이 활기차졌고, 일에 집중하기도 쉬웠다.

그에게 일어난 변화는 이것만이 아니었다. 시간 감각 자체가 달라짐을 느낀다고 했다. 바쁘다는 말을 달고 살았지만 사실 알게 모르게 버려지는 시간이 생각보다 많다는 것을 깨달은 것이다. 내가 꼭 하고 싶었던 일 혹은 지금 당장 해야 하는 일에 밀려나 버렸지만 놓쳐서는 안 될 중요한 일들을 하기 위해 버려지는 시간들을 쓸 수 없는지 고민하게 되었다. 이런 식으로 자투리 시간을 효율적으로 쓰기 위해 노력하는 동안 시간의 밀도가 높아졌다.

무엇보다도 쉴 새 없이 몰려드는 일에 쫓겨 정신없이 하루를 보내고도 내가 무슨 일을 했는지 모르겠다는 허탈한 느낌이 사라졌다고 한다. 결과적으로 매일을 충실하게 살고 있다는 느낌, 하루를 헛되이 보내지 않고 꽉 차게 쓴 느낌을 경험하는 날들이 많아졌다는 것이다. 책을 읽는 시간 10분이 누구도 예상하지 못한 변화를 가져왔다.

하루 24시간 누구나 똑같은 시간을 살고 있는데 누군가는 항상 시간이 모자라 헉헉대며 업무에 휘둘리고, 누군가는 내가 해야 할 일을 제대로 해내면서도 자신이 하고 싶은 일까지 하며 즐겁고 여유 있게 산다. 책 읽는 것도 그렇다. 어떤 사람은 한 달에 책 한 권 읽을 시간도 없다고 말하지만 어떤 사람은 이틀에 한 권 심지어 하루에 한 권 책을 읽기도 한다. 이 차이가 단지 할 일이 많고 적음의 차이에서 비롯된 것일까?

나는 이것이 단지 업무 강도나 능력의 차이만은 아니라고 생각한다. 오히려 스스로 시간의 주인이 되어 얼마나 알차게 하루를 운용하고 있는가에서 비롯된 차이라고 생각한다. 습관적으로 눈앞에 닥친 일을 해결하는 데 급급하면서 사는 것이 아니라 일의 우선순위를 정하고 쉽게 버려지는 시간들을 모아 해야 할 일과 하고 싶은 일 사이에서 제대로 균형을 잡으며 사는 것의 차이말이다.

그러고 보면 '나는 너무 바쁘다'는 말은 우리를 더 열심히 살게만드는 것이 아니라 살면서 놓쳐서는 안 될 일들을 뒤로 미루게하는 핑계가 될 때도 많다는 생각이 든다. 아이와 놀이터에서 신나게 놀아 주는 일이나 전부터 꼭 배워 보고 싶었던 도예 수업에등록하는 것을 미룰 때 흔히 너무 바쁘다는 말을 하지 않는가. 잘 따져 보면 분명 낭비되는 시간이 있는데도 시간을 제대로 관리해야겠다는 생각은 하지 않는다.

어떻게 시간을 관리해야 할지 막연하다는 생각이 든다면 먼저 독서로 시간을 알차게 사용하는 법과 그것이 가져다주는 이점들을 경험해 보길 바란다. 짧은 시간을 투자해도 긍정적인 변화를 일으킬 수 있고 동시에 나 자신을 성장하게 만들 수 있으니 독서만큼 좋은 시도는 없을 것이다. 내 책의 편집자가 10분 독서로 삶의 변화를 일으킨 것처럼 말이다.

'승자는 시간을 관리하며 살고 패자는 시간에 끌려서 산다'는 말이 있다. 모든 사람들에게 공평하게 주어진 것은 오직 시간뿐이다. 단지 그 시간을 어떻게 사용하느냐에 따라 한 사람의 하루, 일주일, 더 나아가서는 인생 자체가 달라질 수 있음을 잊지 마라.

리더^{leader}가
리더^{reader}인 이유

세계 최고의 투자가로 꼽히는 워런 버핏에게 한 미국인이 편지를 보냈다. 당신을 성공으로 이끈 지혜가 무엇인지 궁금하다면서 한 번도 만나 본 적이 없는 사람에게 줄 수 있는 지혜를 하나 알려 달라는 내용이었다. 그 편지에 워런 버핏은 직접 답장을 했다. 거기에는 이렇게 적혀 있었다.

"읽고, 읽고, 또 읽어라"

워런 버핏은 '매일 깨어 있는 시간의 3분의 1 이상을 독서에 투자하며 다른 사람들보다 5배 이상 책을 읽었다'고 말할 정도로 엄청난 독서광으로 알려져 있다. 그가 이렇게 열심히 책을 읽는 이유는 어떤 기업이 투자할 만한 가치가 있는지를 제대로 판단하기 위해서다. 투자를 하기로 마음먹은 기업이 있다면 먼저 철저하게 자료를 찾고 관련된 도서를 집중적으로 읽는다. 관련 산업에 대해 충분히 공부를 한 후 수익을 낼 가능성이 있지만 현재 저평가되어 있다는 판단이 들면 그때 투자를 하기로 결정한다고 한다. 그가 어떤 투자에서도 실패하지 않고 주식시장의 흐름을 정확히 꿰뚫을 수 있는 비결은 독서인 셈이다.

실제로 워런 버핏처럼 많은 리더들이 자신의 성공 비결로 독서를 꼽는다. 나폴레옹, 피터 드러커, 카네기철강회사를 설립한 앤드루 카네기, 홍콩 최대 부동산 개발 · 투자 기업인 청쿵그룹 회장 리자청 등등 분야와 시대를 가리지 않고 당대를 이끈 리더라고 할 만한 사람들은 모두 그렇다.

어떤 사람이 리더가 된 비결을 한 가지로만 설명할 수는 없다. 그렇지만 한 가지 확실한 것은 리더라면 반드시 책을 읽어야 하며, 하다못해 한 달에 한 번이라도 서점에 가야 한다는 것이다.

리더가 책을 읽지 않으면 조직이 살아남지 못한다

리더가 된다는 것은 실무에 능하다는 것과는 조금 다른 의미다. 리더는 말 그대로 앞에 나서서 이끄는 사람이다. 그가 하는 일

중 제일 중요한 것은 어디로 가야 할지 방향을 정하고 결정하는 것이다. 외부의 상황은 어떤지 기민하게 파악하고 거기에 따라 팀원들이 어떻게 대응할지 정해야 한다. 아무리 그가 경영 능력이 뛰어나다고 해도 시대와 트렌드를 읽지 못하면 그 조직은 오래 살아남지 못한다.

디지털 카메라 기술을 보유하고 있으면서도 '최고의 필름 브랜드'라는 과거의 명성을 버리지 못해 결국 파산에 이른 코닥을 보라. 코닥은 디지털 환경이 미칠 충격을 과소평가했고 결국 100년이 넘는 역사에 마침표를 찍어야 했다. 코닥의 CEO가 거부할 수 없이 몰려드는 디지털 트렌드를 조금만 더 예민하게 포착했다면 어땠을까. 코닥이 가진 브랜드를 계승하면서도 그들만이 할 수 있는 새로운 디지털 사업에 적극적으로 뛰어들었다면 그렇게 허무한 결말을 맛보지는 않았을 것이다.

나는 코닥의 CEO가 현재 서점에 어떤 책들이 새로 나오고 있는지, 가장 주목받는 책은 무엇인지만 알고 있었어도 그런 실수는 하지 않았을 것이라고 생각한다. 서점의 매대를 한 번 훑어보는 것만으로도 전 세계 혹은 한 나라를 뒤흔든 이슈, 학자들이 연구한 최신 정보와 개념, 현재 사람들이 가장 관심을 가지고 있는 주제, 당대를 움직이는 욕망을 바로 파악할 수 있기 때문이다. 일본의 평론가이자 언론인인 다치바나 다카시가 "서점의 판매대는 한 나라의 문화, 사회 현상을 전달하는 최고의 매체인 셈이다"라고 말한 것도 같은 맥락에서다. 만약 당신이 다른 사람들보다 한 발 앞서서 트렌드를 파악하고 시대를 읽을 수 있는 통찰력을 가지고 싶다면 서점에 가서 신간과 베스트셀러를 꼼꼼히 살펴봐야 한다.

하물며 서점에 가는 것만으로도 얻을 수 있는 것이 이렇게 많은데, 직접 책을 읽는 것은 말할 필요가 없을 것이다. 특정 분야의 책을 집중적으로 깊게 읽든 다양한 분야의 책을 넓게 읽든 독서는 내 일과 업계의 핵심을 읽어 내는 힘을 길러 주고 시대를 읽는 안목을 키워 준다. 한마디로 수많은 정보 속에서 핵심을 꿰뚫는 통찰력이 생긴다는 것이다.

업무에 파묻혀 있다 보면 일의 본질에 대해 망각하기 쉽고, 내 경험에만 국한된 편협한 통찰을 가지게 된다. 그런데 일과 관련된 책을 집중적으로 읽다 보면 일을 하는 동안에는 한눈에 파악하기 어려운 이면을 가늠하게 되고 흐름을 감지할 수 있다. 반대로 다양한 분야의 책을 읽을 때는 내가 발 딛고 선 현실을 벗어나 외부 세계를 접할 수 있다. '우리는 이렇게 하고 있는데, 다른 곳은 전혀 다른 방식으로 일하고 있구나'라든지 '지금 우리가 한

참 뒤떨어진 방식으로 일하고 있다'라는 식으로 현재 일하는 방식을 개선하는 것도 가능하다.

이렇게 독서를 통해 얻을 수 있는 능력이 비단 지금 조직을 이끌고 있는 리더에게만 유용할까? 그렇지 않을 것이다. 훗날 뛰어난 안목으로 조직을 앞장서서 이끌고 싶은 사람에게 독서는 그 발판이 되어 줄 것이다.

자신감 없던 평범한 신입 사원이 회사를 이끄는 사장이 된 비결

대학 시절, 나와 함께 책 읽는 모임에 참여하던 한 친구가 있다. 모든 사람들이 한마디라도 더 하려고 애쓰는 분위기 속에서도 유난히 내성적이고 말이 없는 편이지만 책만큼은 누구보다 열심히 성실하게 읽는 친구였다. 나는 대학에 남았지만 그는 졸업을 하고 취직을 했고 서로 바쁘다는 핑계로 제대로 만나지 못했다. 그러다 14년이 흘러 그를 다시 만났을 때 나는 깜짝 놀라고 말았다.

그는 내가 알던 그 친구가 맞나 싶을 정도로 자신감과 카리스마가 느껴졌다. 기업에서 교육과 관련된 일을 하다 아예 독립을 해 교육 사업 회사를 차렸다고 하더니 과연 사장님 같은 분위기가 풍겼다. 수다스럽고 자신을 뽐내는 사람이 되었다는 게 아니라, 말을 많이 하지 않아도 대화를 자연스럽게 이끌고 사람들이 저절로 주목하게 만드는 그런 힘이 있었다.

그동안 어떻게 살아왔는지 이야기를 들어 보니 그의 변화가 결코 우연이 아니라는 것을 알 수 있었다. 처음 회사에 들어갔을 때는 눈에 띄는 특출난 점이 있는 사원이 아니었다고 한다. 오히려 좀 더 자신감을 가지고 적극적으로 나서야 인정받을 수 있다는 충고를 종종 받았다.

그러다 사내 교육팀으로 발령을 받게 되었다. 교육은커녕 남들 앞에서 말하는 것도 자신이 없는 그에게 그것보다 곤란한 일은 없었을 것이다. 그때 우연히 M. 센게 교수의 『학습하는 조직-시스템 사고로 미래를 창조한다』라는 책을 읽은 것이 변화의 시작이었다. 이 책을 통해 '퍼실리테이터(Facilitator)'라는 개념을 배우게 된 것이다. 퍼실리테이터는 말 그대로 촉진하는 사람이라는 뜻으로 구성원들이 모여 회의를 하거나 함께 일을 할 때 힘을 모아 목적을 달성할 수 있도록 그들을 자극하고 독려하는 역할을 하는 사람을 말한다. 이 역할을 하는 사람은 직접 나서서 문제를 해결하거나 가르치지 않는다. 구성원에게 질문을 던지고 스스로 생각하도록 이끈다. 사소하게는 판서를 하거나 프레젠테이션을 할 수 있도록 미리 준비하는 일부터 시간을 관리하는 일까지 한다.

그는 이 책을 통해 교육을 새로운 관점에서 바라볼 수 있게 되었다. 나서서 이끌지 않아도 참여자 스스로 성장하고 가능성을 계발할 수 있도록 도와주는 것이 자신의 역할이라는 것을 깨닫게 된 것이다. 그래서 퍼실리테이터에 대한 전문 강의를 찾아 듣고 자격증을 따는 등 나름대로 공부를 하며 교육 팀에서 살아남을 수 있는 포지션을 찾아 나갔다.

그는 "그때부터 쭉 기업 교육과 관련된 일을 하다 아예 내 회사를 차리게 됐어. 교육 사업이 전망이 좋겠다 싶더라고. 운이 좋았지"라며 별일 아니라는 듯 말했지만 그의 성공은 놀라웠다. 이 정도 경력과 노하우면 내 사업을 시작해도 되겠다 싶어 과감히 시작하긴 했지만, 기대 이상의 성과를 거둔 것이다. 물론 그게 가능했던 것은 사전에 착실히 책을 읽고 공부를 해 온 덕분이었다. 해당 업계에 대한 책들은 물론이고 영업, 정보 통신, 회사 운영 등 사업과 관련이 있다고 생각되는 분야의 책이라면 5~7권씩 읽었다고 한다. 혹시 놓치고 있는 것은 없는지 점검하고, 알고는 있었지만 두루뭉술했던 것을 구체화하는 과정을 거쳤다. 실제 사업을 모두 책으로 배울 수는 없겠지만 적어도 초기에 헤매거나 중요한 실수를 하지 않은 덕분에 빠른 시간 안에 자리를 잡을 수 있었다.

친구의 삶에서 중요한 변화는 언제나 책을 통해 이루어졌다. 책을 읽었기에 퍼실리테이터라는 새로운 개념을 접하고 자신에게 온 변화를 유리한 기회로 만들었고, 새로운 사업에 도전해서도 승승장구할 수 있었다. 그가 평범한 신입 사원에서 탄탄한 중소기업의 사장이 되기까지 모두가 부러워할 만한 성공을 거둔 것은 다름 아닌 독서의 힘 덕분이었다.

지금 당신이 어떤 자리에 있든 훗날 리더의 역할을 하게 될 때가 올 것이다. 내 친구처럼 사장이 될 수도 있고, 한 팀의 팀장이 될 수도 있으며 작게는 한 가정을 이끄는 리더가 될 수도 있다. 그리고 스스로 인생을 이끌어 나가야 한다는 점에 있어서 우리 모두는 자신의 인생을 책임져야 하는 리더다. 그러니 나 자신이 리더라는 사실을 잊지 말고 꾸준히 책을 읽어라. 언젠가 당신의 팀원은 물론 당신이 스스로에게 고마워 할 순간이 오게 될 것이다.

상대방의
마음을 움직이는
사람들의 비밀

40대까지만 해도, 대학에서 나는 젊은 교수 축에 속했다. 대학원생들과는 나이 차이도 많지 않아서 함께 공부하는 형 동생처럼 지내는 경우도 많았고, 학부생들도 나를 좀 더 편안하게 생각하는지 연구실에는 항상 사람이 북적였다. 그런데 최근 들어 전과는 많이 달라진 분위기를 느낀다. 내 나이와 경력이 꽤 되다 보니 어딜 가나 교수님 대접을 받게 된 것이다. 수업이 끝나면 학생들과 같이 수다도 떨고 점심을 먹으러 간 적도 많았는데 이제는 내게 먼저 말을 거는 것도 어려워하는 것이 느껴진다. 어쩌다 이야기를 나누게 되면 어느 순간 나 혼자만 떠들고 있었던 것은 아니었는지 화들짝 놀랄 때가 있다.

어떤 사람을 만나든 부드럽게 대화의 물꼬를 트고 막힘없이 이야기를 나눌 수 있는 능력은 누구나 갖고 싶어 하는 능력일 것이다. 거기다 혼자서만 대화를 독점하는 게 아니라 원하는 바를 정확하게 전달하면서도 상대방을 배려할 수 있다면 금상첨화다. 그러나 안타깝게도 모든 사람이 처음 만난 사람의 마음을 무장 해제시킬 수 있는 편안함과 매력, 타고난 말재주를 가지고 있는 것은 아니다. 그렇다면 어떤 사람과도 막힘없이 대화를 할 수 있는 방법은 무엇이 있을까.

막힘없는 대화를 위한 원칙 두 가지

내가 학생들은 물론이고 누구를 만나든 대화할 때 반드시 지키려고 하는 원칙은 두 가지다. 첫 번째 원칙은 상대방의 요지를 제대로 파악할 수 있도록 귀 기울여 들으라는 것이다.

가끔 학생들이 대화하는 것을 살펴보면 무척 재미있는 현상을 발견할 때가 있다. 겉으로 보면 아주 즐겁게 대화를 나누는 것 같지만 자세히 들어 보면 두 사람이 각자 전혀 다른 내용을 말하는 경우다. 분명 한 가지 주제에 대해 함께 이야기를 하고 있는데도 말이다. 또 이런 경우도 있다. 대화를 하고 있지만 한쪽

에서는 계속해서 답답함을 느끼고 '방금 말했잖아. 못 알아들었
어?'라든지 '그런 뜻이 아니라, 이렇다는 말이야' 하는 식으로 내
용을 설명해 준다. 아마 당신도 이런 식의 대화를 한 경험이 있
을 것이다. 왜인지 모르게 대화가 답답하고 피곤하며 더 이상 상
대방과 길게 이야기하고 싶지 않은 경험 말이다.

이런 대화들은 본질적으로 맥락을 파악하지 못해서 일어난다.
말은 처음부터 끝까지 정돈해서 입 밖으로 내보내는 것이 아니
기 때문에 내가 전하고자 하는 핵심 내용이 있어도 굉장히 산만
하다. 중심이 되는 내용과 별로 중요하지 않은 이야기가 혼재되
어 있는 것이다. 물론 중요하지 않은 이야기가 전혀 의미 없는
것은 아니다. 때로 대화를 즐겁게 만들어 주기도 하고, 이야기를
더 풍성하게 만들어 준다.

그러나 이런 곁가지들에 현혹되어서는 안 된다. 상대방의 말
을 들을 때 핵심과 곁가지를 제대로 구분하면서 들어야 하며 이
야기가 전개되는 맥락을 잘 따라가야 한다. 함께 대화하고 있지
만 상대방의 의도에서 벗어나는 딴소리를 하거나 이해하지 못하
는 것은 핵심이 아닌 내용에 정신이 팔렸기 때문에 벌어지는 문
제다. 즉 대화를 할 때 상대방이 하는 말의 요지를 정확하고 빠
르게 파악하는 것이 막힘없이 대화를 이어 갈 수 있는 첫걸음이

다. 그래야 상대방도 나와 대화가 잘 통하고 있다고 생각하며 즐겁게 대화할 수 있다.

두 번째 원칙은 제대로 들었다면 질문을 던지라는 것이다. 본래 대화는 일방통행으로 이루어지지 않는다. 서로 공을 주고받듯 말을 이어 가야 하는데, 대부분의 사람들은 무의식적으로 한마디라도 더 하기 위해 애쓴다. 내가 상대방보다 아는 것이 더 많고 더 가치 있는 이야기를 해 줄 수 있다는 자신감에 사로잡힌 경우도 있고, 경력이 많고 연장자이니 의미 있는 말을 해 줘야 한다는 부담감에 말이 길어지는 경우가 있다. 어떤 경우라도 일방적으로 자기 이야기만 하게 된다면 상대의 관심을 끌 수가 없다.

대신 질문으로 대화를 이어 가면 상대방의 관심을 끌고 더 깊은 이야기를 이끌어 낼 수 있다. 질문을 던진다는 것은 그만큼 당신의 이야기에 관심이 있으며 들을 준비가 되어 있다는 것을 의미하기 때문에 상대방도 마음의 문을 쉽게 연다. 또한 내가 놓치고 있었던 부분을 다시 확인하거나 핵심을 점검하는 식으로 대화를 풀어 나가면서 상대방이 원하는 바를 더 빠르게 알아챌 수 있다.

물건을 하나 사기 위해 영업 사원을 만나더라도 그가 어떻게 대화를 시작하고 이어 가는지가 구매에 큰 영향을 미치지 않는

가. 만나자마자 성급하게 상품 설명을 늘어놓으면 '강매하려는 속셈인가' 하는 생각이 들면서 경계하게 되는 게 사람 마음이다. 그보다 왜 물건을 구매할 생각을 하게 되었는지 질문을 던지면서 내가 원하는 상품을 파악해 제대로 추천해 주기 위해 노력한다면 누구라도 선뜻 물건을 구입하게 된다.

잘 읽는 사람이 잘 듣는 사람이 된다

상대방의 요지를 제대로 파악하고 질문을 던진다는 이 원칙들은 얼핏 보면 간단해 보이지만 절대 그렇지 않다. 왜냐하면 대화는 바람이나 물줄기처럼 그때를 지나가면 다시 돌이킬 수 없기 때문이다. 상대방이 이야기하고 있는 동안 핵심을 머릿속에 정리하는 동시에 설명이 부족하거나 내 생각과는 다른 부분을 체크하며 질문을 만들기란 쉬운 일이 아니라서 자칫하면 대화의 흐름을 놓치기 십상이다. 미리 훈련을 해 두지 않으면 제대로 된 대화를 하기는커녕 대화에 관심이 없고 딴생각을 하는 사람처럼 보일 수 있다.

평소 책을 읽으면서 빠르게 핵심을 파악하는 기술과 질문을 던지는 기술을 체득해 왔다면 이럴 때 매우 유리하다. 4장에서 구체적으로 언급하겠지만 독서는 저자가 책을 통해 전하고자 하는 주제를 찾고 내 생각과 비교하며 질문을 던진 뒤, 기록으로 남기는 지적 활동이다. 생각의 맥락을 파악하고 질문을 던져야 한다는 점에서 대화와 굉장히 비슷하다.

단지 실제 대화와 다른 점이 있다면 대화는 즉흥적이고 지금 이 순간이 지나가면 돌이킬 수 없지만 독서는 영구적이고 시간과 상관없이 곱씹을 수 있다는 것이다. 즉, 독서는 같은 부분을 반복해서 읽거나 앞으로 돌아가서 읽을 수 있기 때문에 맥락을 잇고 질문을 던지는 법을 차근차근 배울 수 있다. 이렇게 독서를 통해 '맥락 찾기-생각하기-질문하기'의 과정을 충분히 연습해 둔 사람은 실제로 얼굴을 마주하고 이야기를 나눌 때도 당황하지 않고 능숙하게 대화할 수 있게 된다.

게다가 독서를 통해 쌓은 지혜와 지식은 대화를 더 풍부하게 해 주고, 듣는 사람을 즐겁게 해 준다. 어떤 상대를 만나든 상대의 관심사와 상황에 따라 적절하게 화제를 찾아 이야기를 하려면 이야깃거리를 많이 가지고 있을수록 유리하기 때문이다.

당신이 토크쇼 진행자라고 상상해 보라. 진행자가 매일 비슷한 이야기만 하고 며칠 전 인터넷에서 본 이야기만 한다면 그 프로그램이 재미있겠는가. 진행자가 식견이 풍부하지 않으면 말장난만 늘어놓는 재미없는 토크쇼가 될 확률이 높다. 당신이 지금 누군가와 하는 대화도 단지 텔레비전을 통해 방송이 되지 않을 뿐이지 토크쇼와 다를 것은 없다. 기왕이면 재미있고 유익한 토크쇼라면 더 좋을 것이다. 어떤 사람이 초대 손님으로 나오더라도 어느 곳에서도 들을 수 없었던 진솔한 이야기를 들을 수 있고 그 사람의 삶과 생각을 모두 엿볼 수 있는 쇼의 진행자가 되길 바란다.

조직에서
인정받는 사람으로
살아남는 법

혹시 당신 주변에 '정말 일을 못 한다'는 생각이 들게 하는 사람이 있는가? 사람은 착하고 좋은데, 무엇이든 성실하게 열심히 하는데도 결과적으로는 좋은 평가를 받지 못하는 사람들이 있다. 그리고 신기하게도 이런 평가는 대체로 주변 사람들 모두 일치한다.

그러다 보면 어느 순간 어디에서도 환영받지 못하는 존재가 된다. '저 사람과는 같이 일하고 싶지 않다'는 평가를 받거나 팀을 옮겨야 할 때 어느 부서에서도 반기지 않는 상황에 처한다. 조직 내에서 아무도 원하는 사람이 없다. 직책은 높아도 가능한 쉬운 업무만 맡긴다. 간단한 업무조차 제대로 해내지 못하는 악

순환에 빠진다. 그러다 보니 주요 업무에서는 자꾸 밀리게 되고 소외감을 느낀다……. 이런 사람이 꼭 있다는 것이다. 자신의 상황을 자각하고 '어떻게든 버티면서 월급만 받으면 된다'고 체념했다면 어쩔 수 없다. 문제는 그런 사람 대부분이 자신의 상황을 이해하지 못한다는 것이다. 그러다 갑작스럽게 해고 통보를 받거나 인사 이동에서 갈 곳이 없어지면 어찌할 바를 모르고 당황한다. 그보다 비참한 상황이 또 있을까.

나는 이런 사람을 볼 때마다 '독서가 부족하면 업무의 기본기가 약하고 머리를 쓰는 일을 못한다. 당신은 책 읽는 것부터 다시 시작해야 한다'고 충고하고 싶다. 독서만 제대로 했어도 회사에서 입지가 좁아지는 비극은 피할 수 있을 것이다. 독서는 업무 능력과 지적 수준을 높일 뿐만 아니라 어디에서든 대우받을 수 있는 경쟁력을 갖추려 할 때 가장 효과적인 수단이기 때문이다.

제대로 읽고 쓰는 것은 업무의 기초

본래 전공은 공대 쪽이지만 교양 수업으로 내 수업을 수강해서 알게 된 제자가 있다. 그 제자는 졸업 후에 연구소에 취업을 했다. 가끔씩 나에게도 연락을 해 와서 이런저런 이야기를 나누곤

하는데 한번은 보고서 때문에 난리가 난 적이 있다는 말을 했다. 그가 주로 하는 업무는 실험을 하고 결과를 보고서로 작성하는 것인데, 박사 과정까지 공부한 유능한 상사들의 보고서도 깜짝 놀랄 정도로 엉망이라고 한다. 전문 용어가 많아서 글이 딱딱한 것은 어쩔 수 없겠지만 주술 호응도 제대로 맞지 않는 비문이 너무 많아서 한 번 읽어서는 무슨 내용인지 이해할 수 없는 경우가 허다하다는 것이다.

그래도 함께 일하는 연구원들끼리는 그럭저럭 일을 해 왔는데, 기술 협약을 한 해외 연구소에 보고서를 보내는 과정에서 문제가 터졌다. 영어로 번역하는 동안 불명확한 문장 때문에 잘못된 내용이 담긴 보고서가 작성되었고, 제대로 확인을 못한 채 전달되는 바람에 화상 회의에서 전혀 소통이 되지 않는 당황스러운 상황이 연출된 것이다. 심혈을 기울여 준비한 회의는 흐지부지 결론도 제대로 짓지 못하고 끝낼 수밖에 없었고, 그로 인해 보고서를 작성한 사람은 물론 해당 팀까지 문책을 당하게 되었다고 한다.

어떤 일을 하든 글을 읽고 쓰는 능력은 일을 하는 데 반드시 필요한 기초 능력이다. 상대적으로 언어 능력이 부족해도 상관없다고 여기는 이과계도 마찬가지다. 일을 하는 모든 과정과 결과는 글로 정리되어 문서화되기 때문이다.

생각해 보자. 일을 하다 보면 하루에도 몇 번이나 메일을 써야 하고 보고서와 보고 기안을 작성한다. 거기에 담긴 내용은 누가 읽더라도 헷갈리지 않게 객관적이고 정확하게 작성되어야 한다. 그런데 제자의 연구소에서 일어난 일처럼 내 생각을 제대로 글로 옮길 수 없고, 상대방의 의견을 정확하게 파악하지 못한다면 일은 잘못된 방향으로 흘러가 효율성이 떨어지게 된다.

시나 소설처럼 단어 하나, 문장 하나하나가 예술적으로 뛰어난 글을 써야 한다는 말이 아니다. 자신의 생각을 명료하게 표현하고 글을 읽는 사람과 원활하게 소통하기 위한 비즈니스 기초 능력으로서의 언어 능력을 갖추어야 어디에서 어떤 일을 하든 제대로 해낼 수 있다.

언어 능력이 뛰어나다는 것은 기본적인 업무 수행 능력이 뛰어나다는 의미이며, 사소하지만 기본적인 부분에서 완성도가 높은 결과를 도출할 수 있다는 말이다. 왜냐하면 생각이 곧 언어이기 때문이다. 인간의 '생각'은 머릿속에서 언어로 치환된다. 언어로 표현되지 못하는 생각은 아무 의미가 없다. 구체적으로 표현할 수 없기 때문에 없는 것이나 마찬가지다.

즉 개개인의 생각의 깊이를 결정하는 것은 그 사람의 어휘와 문장 구성 능력에 달렸다. 어휘가 부족하면 생각을 풍부하게 할 수 없고, 앞뒤 논리가 맞게 구성할 수 없으면 맥락을 잃고 깊게 생각할 수 없다. 똑같은 일을 하더라도 자신의 생각을 구체적이고 정확한 언어로 표현할 줄 아는 사람은 거꾸로 말하면 그 일에 대해 아는 것이 많고 깊이 생각했다는 뜻이다. 그러니 무슨 일을 해도 좋은 결과를 낼 수밖에 없는 것이다.

보고서를 쓸 때마다 상사의 지적을 많이 받는 사람, 아이디어는 많은데 어떻게 표현해야 할지 몰라서 고민인 사람일수록 의식적으로 책을 많이 읽어야 하는 이유가 여기에 있다. 어떤 논지로 글을 써야 할지 어렴풋이 알겠는데 입에서 단어가 뱅뱅 맴돌고 형편없는 문장이 나오는 경험을 한 적이 있다면 특히 그렇다. 책을 읽어야 내가 습관적으로 사용하는 어휘를 확장시킬 수 있고 저자들이 추상적인 생각을 구체적이되 간결하게 표현한 방식을 보며 익힐 수 있다.

단지 잘 쓴 글을 많이 읽는 것만으로 모든 사람이 언어 능력을 비약적으로 발전시킬 수 있는 것은 아니다. 그러나 다른 사람의 글을 읽는 동안 나의 문장력, 글의 형식과 구조를 짜는 능력이 어느 정도 수준인지를 가늠하면서 부족한 부분을 재빨리 알아채고 단점을 보완할 수 있다는 것만으로도 일반적인 비즈니스 언어 능력 향상에는 큰 도움이 된다.

어떤 책을 읽느냐가 곧 경쟁력이다

일을 잘한다는 평가를 받고 있다면 그다음으로 중요한 것은 '대체 불가능한 경쟁력'을 갖는 것이다. 일을 잘한다는 것은 분명 강점이지만 한계가 있다. 나 말고도 일을 잘하는 사람은 얼마든지 있고, 누구라도 내 자리를 대체할 수 있다.

그렇지만 경쟁력을 갖춘다는 게 말처럼 쉽지 않다. 이미 우리 모두가 거의 비슷한 모습으로 살아가고 있기 때문이다. 동일한 교육 과정 속에서 공부를 했고, 사회가 원하는 방향대로 생각하며 비슷한 가치를 쫓으며 산다. 신입 사원의 입사 지원서를 받아 본 사람이라면 알 것이다. 각자 얼굴은 다르지만 그동안의 살아온 모습이나 회사 생활에 대한 각오는 놀라울 정도로 비슷하다. 특별한 개성을 가지고 있거나 눈에 띄는 경험을 한 사람은 손에 꼽을 정도로 적어서 이력서를 다 읽고 나면 지원자들을 각각 구분해서 기억해 내기가 어렵다.

직장에 들어가면 '무개성화'는 더욱 심해진다. 같은 직장에서 일하고 있는 두 사람을 비교해 보자. 일하는 시간, 장소, 복장, 먹는 음식, 하루 동안의 업무, 오며 가며 마주치는 동료……. 이런 요소들 대부분이 비슷할 것이다. 그러니 두 사람이 전혀 다른 모습을 하고 전혀 다른 생각을 할 확률은 매우 낮다. 누구라도 탐을 낼 만한 창의적인 아이디어는커녕 회의 시간에 이목을 끌 수 있는 발언을 하기도 어려워진다.

결국 당신이 어떤 책을 읽고 어떻게 자기 혁신을 이루느냐가 개성과 경쟁력을 결정한다. 책을 읽는 행위는 저자의 사고방식을 자기 것으로 만드는 것이다. 저자의 지적 수준이 높으면 높을수록 풍부한 지식과 고차원의 사고방식을 따라 배울 수 있다. 과연 책 한 권으로 그게 가능할까 싶겠지만 지적으로 자극하는 힘은 생각보다 커서 사람을 변화시키기에 충분하다.

대학에서 강의를 할 때 한 학기가 끝나 갈 쯤이 되면 나와 말투가 비슷한 학생이 나타난다. 내가 자주 쓰는 표현이나 말을 따라하고, 특정한 상황에 나라면 이렇게 말했을 텐데 하는 것까지 비슷하게 말한다. 한 학기 동안 함께 공부를 하면서 내가 말하고 생각하는 방식을 배운 것이다. 단지 내 수업을 들었던 것만으로도 사람이 변하는데 매일 책 읽는 습관이라고 불가능하리란 법은 없다.

만약 당신이 하루 중 대부분의 시간을 회사에서 보내는 동안 함께 일하는 동료들과 별반 다를 게 없어졌다고 생각한다면 지금 당장 책을 읽어야 한다. 책을 읽는다는 것은 내가 활용할 수 있는 지식이 점점 더 많아진다는 뜻이다. 당신이 일하고 동료들과 대화를 나눌 때마다 읽은 책의 권수만큼 뒤에서 저자들이 버티고 서서 도와주고 있다고 생각해 보라. 혼자 일하는 사람은 몇십 명이 도와주는 사람을 당해 낼 수 없다. 당신이 특출 난 천재이거나 매일매일 새로운 도전을 하며 경험치를 늘려 나가는 사람이 아니라면 더 이상 꾸물거리지 마라. 매일 한 권의 책을 읽는 것만이 평범한 우리가 경쟁력을 쌓을 수 있는 유일한 방법이다.

1권을 재미있게 읽어야
100권을 읽을 수 있다

세상에 좋은 책은 무궁무진하고
우리의 시간은 한정되어 있다.
흥미가 가지 않는 책을 억지로 읽으려 애쓰지 말고
첫눈에 반한 책부터 먼저 읽어라.

인생에
쓸모없는
책은 없다

오랜 불황으로 취업이 어려워지고 정규직보다는 비정기적으로 일하는 '프리터'들이 많아지면서 대학에서도 공부 그 자체가 우선이 아니라 졸업 후 취업을 위한 공부를 하는 학생들이 많아졌다. 그래서인지 책을 읽을 때도 '이 책이 나에게 얼마나 유용한가'에만 초점을 맞춰서 독서를 한다. 업무에 필요한 지식을 담은 책, 취업에 도움이 되는 책만 골라 읽는 것이다. 그러면서 도스토옙스키나 프루스트의 책은 시간을 들여 읽어 봤자 아무 도움이 안 된다고 생각한다.

책을 읽는 목적은 여러 가지가 있을 테고 그중에 자기 계발을 위해, 지식을 얻기 위해 책을 읽을 수 있다. 그렇지만 '소설은 취업에 도움이 안 된다'라는 식으로 책이 나에게 직접적인 도움을 주는가 아닌가라는 기준으로만 판단하는 것은 매우 위험하다. 게다가 책을 읽기도 전에 책의 가치를 한정 짓는 것만큼 어리석은 일은 없다.

그런데 생각보다 많은 사람들이 다음과 같은 선입견을 가지고 있다.

- 소설책은 재미있지만 자기 계발과는 상관이 없다
- 직장인이나 CEO라면 경제경영서 위주의 독서가 도움이 된다
- 실용서는 내용의 깊이가 얕다
- 만화를 읽는 것을 독서라고 하기는 어렵다

소설이나 만화 같은 책을 읽는 것은 단지 책 읽는 즐거움을 위한 시간 때우기용 취미일 뿐이라거나 특정 분야의 책은 깊이가 얕아 굳이 읽을 가치가 없다는 이야기다. 심지어 책을 좋아하고 많이 읽는 사람들도 이런 편견에서 자유롭지 못한 경우가 많다.

이 선입견은 '어떤 책을 읽는지가 그 사람의 수준을 보여 준다'는 식으로 발전되기도 한다. 물론 완전히 틀린 말은 아니지만 이렇게 되면 어떤 책을 읽는가의 문제만큼 어떻게 읽느냐의 문제

도 중요하다는 사실을 잊게 된다. 단지 책의 종류나 명성에만 연연해서 책의 가치를 판단하게 되는 것이다. 그러나 어떤 책에 선입견을 갖고 책을 펼친다는 것은 자신의 독서에 한계를 긋는 것과 마찬가지다. 책의 가치를 온전히 맛볼 수 없게 되고, 다른 사람은 미처 알아채지 못했지만 나만이 발견할 수 있는 특별한 깨달음을 놓쳐 버릴 수 있다.

쓸모없는 책, 가치 없는 책은 없다

아침 방송 진행을 맡게 되면서 만난 한 프로듀서도 내심 자기계발서는 도움이 안 된다는 편견을 가진 사람이었다. 그는 평소 책을 좋아하고 많이 읽는 사람이었지만 주로 소설과 에세이, 고전 등의 책들만 읽었고, 실용적인 조언 위주의 책은 굳이 읽을 필요가 없다는 지론을 가지고 있었다.

그런데 그가 회사에서 일한 지 4년이 넘어가고 대리가 되자 그의 책상에서 자기계발서가 눈에 띄기 시작했다. 사람들이 무슨 책을 읽고 있는지 관심 있게 지켜보는 편이라서 갑자기 왠 자기계발서냐며 물어보았더니 그는 멋쩍어 하며 이렇게 답했다. "직장을 다니다 보니까 좀 해이해지고 슬럼프에 빠진 느낌이었는데 자기계발서에서 하는 말들이 꽤 도움이 되더라고요. 자기계발서라고 다 내용이 가벼운 것도 아니고요. 좋은 내용을 담은 책 위주로 몇 권 보고 있어요."

취향이 완전히 바뀐 것은 아니지만 몇 년간 직장 생활을 하며 일의 의미에 대해 고민하던 그에게 자기계발서는 지금 필요한 생각거리들을 가져다주었다. 일에 대해 진지하게 탐구하면서 스스로 동기부여할 수 있도록 도와주는 역할을 한 것이다. 그러자 분명 쓸모없는 책이라고 여겼던 자기계발서는 어느 순간 생각보다 매우 유용하고 위로를 주는 책이 되었다. 그는 어떤 책이든 그 안에서 얻을 수 있는 것들이 분명 있기 때문에 쓸모없는 책이라고 함부로 예단해서는 안 된다는 것을 깨달았다고 한다.

흔히들 경영자는 경영에 도움이 되는 경제경영서나 고전을 읽을 거라 생각한다. 그런데 피터 드러커와 함께 현대 경영을 창시했다고 평가받는 톰 피터스는 어떤 책을 읽느냐는 질문에 경영학 책이 아닌 소설을 주로 읽는다고 답했다. 통념과 정반대되는 대답이다. 그러면서 "대부분의 경영학 서적들은 답을 제시한다. 반면에 대부분의 소설들은 위대한 질문을 던진다. 그것이 내가 가르침을 얻기 위해 소설을 즐겨 읽는 이유다"라고 말하며 경영학의 정해진 틀과 이론으로 설명할 수 없는 사회의 이면과 인간관계들을 소설을 통해 배운다고 말했다.

　누군가는 소설을 읽고 재미를 얻는 것으로 끝낸다. 그러나 톰 피터스는 그에 그치지 않고 소설을 읽으며 인간과 사회의 모습을 관찰하는 과정을 통해 경영의 기본이 되는 사람과 욕망에 대한 유의미한 메시지를 뽑아내는 독서를 하고 있다. 그런 의미에서 그에게 소설은 그 어떤 경영서보다 유용한 분야의 책이 된 것이다.

책의 가치를 결정하는 것은 바로 나다

결국 어떤 책의 가치나 쓸모는 책 자체에 달려 있기보단 우리 자신에게 달려 있다. 책은 사람들이 궁금해 하고 답을 얻고 싶어 하는 문제들에 대해 각각 나름대로의 학문을 기반으로 답하고 있고 그것을 어떻게 나에게 적용할 것인지는 우리가 풀어야 할 문제다.

　물론 다른 책들과 비교해 보았을 때 조금 더 깊이 있는 지식과 생각할 거리, 통찰력을 던져 주는 '조금 더 좋은 책'은 있다. 가령 도스토옙스키의 작품이나 톨스토이의 작품이 그렇다. 혹은 며칠 전 읽은 소설이 계속 머릿속을 떠나지 않으며 나 자신에 대해 돌아보게 만든다면 그 작품 역시 좋은 책이다. 그리고 이것은 단지 소설이라는 분야에만 적용될 수 있는 것은 아니다. 경제경영서, 실용서, 만화, 예술서 등등 어떤 책이나 마찬가지다.

책에 대한 선입견 중 대표적인 것이 '만화를 읽는 것은 나쁘다'이다. 흔히 엄마들이 아이가 책을 좋아하지만 그중에서도 만화책을 유독 좋아한다며 걱정하는 경우가 많은데 이 역시 '아무래도 다른 책보다 만화는 배울 게 별로 없다'는 생각에서 비롯된 것이다. 그렇지만 만화를 읽는다는 사실 자체가 나쁜 것이 아니다. 오히려 만화를 읽고 어떤 점이 나에게 인상적인지, 어떤 주제를 다루고 있는지, 어떤 생각거리를 던져 주는지 말할 수 있다면 의미 있는 독서였다고 생각한다. 그런 관점에서 단지 자극적인 즐거움만 줄 뿐 어떤 질문에도 답을 할 수 없다면 그 책은 좋은 책이 아니라고 말할 수 있을 것이다. 그러나 '만화를 읽는 것은 나쁘다'라는 생각은 톨스토이 작품 못지않은 감동과 인간에 대한 통찰을 담은 수많은 만화책을 읽을 기회를 놓쳐 버리는 것과 같다.

중요한 것은 '이 책이 나에게 어떤 의미가 있는가'라는 질문을 잊지 않는 것이다. 여기에 대한 답은 여러 가지가 있을 것이다. 생각할 거리를 던져 준다, 지적 호기심을 자극한다, 지식을 쌓게 한다, 다른 책을 더 읽어 보고 싶게 만든다와 같은 답도 있을 것이고, 하다못해 이 책을 읽으면 상사와 대화가 잘 통한다, 일을 좀 더 열심히 해야겠다는 결심을 하게 만든다와 같은 답도 있을 것이다.

만화 이야기가 나왔으니 말인데, 나는 만화책을 몇백 권이나 사 모을 정도로 만화를 좋아한다. 작품성이 훌륭해서 놀랄 만큼 뛰어난 통찰력을 보여 주는 경우도 있고, 몸이 피곤하고 힘든 날 모든 피로를 날려 버릴 즐거움을 주는 만화도 있다. 단지 이 책을 읽으면 아들과 대화하는 건 문제없겠다는 이유로 구입한 경우도 있다. 어느 날 보니 아들이 다카모리 아사오, 지바 데쓰야의 『내일의 죠』에 푹 빠져 있는 것이 아닌가. 이 책을 보면 아들과 대화할 때 할 말이 없어 곤란할 일은 없을 것 같아 나도 옆에서 같이 읽었다. 만화 속 대사를 따라 하면서 아들과 대화를 나누다 보면 자연스럽게 학교나 친구들 이야기까지 화제가 넓어졌다. 아이가 커갈수록 대화하기가 어려운데 그런 고비를 무사히 넘길 수 있었던 것은 함께 읽었던 만화 덕분이라고 생각한다.

어떤 책을 읽고 무엇을 얻을 수 있을지 그것은 아무도 모른다. 기대만큼의 무언가를 얻을 수도 있고 기대를 배반하는 전혀 새로운 것이 있을 수도 있다. 그러나 처음부터 이 책에서는 배울 게 별로 없을 것이라는 선입견으로 스스로의 독서를 가로막지 않아야 한다. 잊지 말아야 할 것은 이 책이 나에게 어떤 선물을 가져다줄지 설레는 마음으로 책을 펼치는 것뿐이다.

살 책이 없어도
서점에 가라

2

내가 근무하는 메이지대학은 도쿄 진보초 부근에 있다. 진보초
는 헌책방과 레코드 가게로 꽉 차 있어 동네 자체가 거대한 서점
이다. 그렇다 보니 나로서는 그 거리를 걸어가기만 해도 가슴이
설레고, 저렴하면서도 상태가 좋은 헌책들 앞에서 자꾸만 지갑
을 열게 된다. 점심을 먹고 돌아오는 길에 잠깐 구경하면서 걷다
보면 금세 책을 열댓 권쯤 안아 들고 연구실로 돌아오는 바람에,
이제는 연구실이 헌책으로 넘쳐 날 지경이다. 책을 놓을 자리가
없어 쩔쩔 매면서도 빈손으로 돌아오는 적이 없어 내 제자들은
농담 반 진담 반으로 '진보초가 교수님께는 가장 위험한 동네'라
고들 한다. 그렇지만 읽고 싶었는데 살 기회를 놓쳐 버린 책들을

뒤늦게라도 구입할 수 있으니 나로서는 행복한 고민인 셈이다.

의욕이 사라지기 전에 움직여라

어떤 상점에 자주 방문하면 그곳의 물건을 살 확률도 높아진다. 요즘 내 아내가 푹 빠져 있는 인터넷 쇼핑을 떠올려 봐도 그렇다. 시간이 날 때마다 쇼핑몰에 들어가서 이것저것 구경을 하다 보면 처음에는 관심이 없었던 물건도 새롭게 보이고, 혹여 상품이 괜찮다는 후기가 많이 달려 있으면 나도 사 볼까 하는 마음이 생긴다. 거꾸로 아내가 눈코 뜰 새 없이 바빠서 쇼핑몰에 들어가 볼 시간도 없는 때에는 집으로 오는 택배가 자연스럽게 줄어든다.

책이라고 이 법칙에서 자유로울까? 절대 그렇지 않다. 학교 앞 헌책방 거리가 나에게 충동적으로 책 구매를 하게 만드는 것만 봐도 답이 뻔하지 않은가. 규칙적으로 책을 읽는 습관을 기르고 싶다면 무엇보다도 자주 서점에 들러야 한다. 당장 책을 사지 않더라도 의욕을 자극받게 되기 때문이다. 사람들은 어떤 책을 들춰 보는지, 새로 나온 책이나 인기 있는 책들은 어떤 것들이 있는지 구경하다 보면 나도 모르게 가슴이 설렌다. 오가는 와중에 우연히 관심을 끄는 책을 발견해 독서로 이어질 확률도 높다.

또한 읽고 싶은 책이 생겼을 때 바로 책을 손에 넣어야 독서로 이어진다. 아무리 의욕이 충만해도 생각만 하다 너무 많은 시간이 흘러 버리면 처음 마음은 사라진다. 관심은 있지만 바쁜 일이 있어서 독서를 미루는 식으로 흐지부지되는 것이다. 기왕이면 '책을 읽고 싶다, 어떤 내용인지 궁금하다'는 설렘이 있을 때 독서가 더욱 즐겁다.

책을 읽어야겠다는 생각은 들지만 막상 실천에 옮겨지지가 않는다면 우선 살 책이 없어도 서점에 수시로 들러 보는 것으로 시작해 보자.

상황이 여의치 않다면 인터넷 서점으로

최근 들어서 내 독서 생활에 큰 영향을 미치는 것 중에 하나가 인터넷 서점이다. 물론 정기적으로 서점에 가 새로 나온 책들을 직접 보고 구입하지만 일을 하다 그때그때 생각나는 책들을 인터넷 서점 장바구니에 넣어 두었다가 구입하는 경우가 늘었다. 이렇게 하면 어떤 책을 사려고 했는지 잊어버리지 않아서 좋고, 내가 원하는 곳까지 배송받을 수 있어 얼마나 편리한지 모른다.

독서로 충만한 일상을 누리기에 더없이 좋은 시대가 되었다.

사실 처음 인터넷 서점이 생길 때에는 '이러다 서점들이 모두 문을 닫는 것은 아닐까'라는 걱정을 했다. 그렇지만 독자의 입장에서 봤을 때 언제 어디에 있든 쉽게 책을 구입할 수 있다는 게 큰 장점이라는 것을 인정하지 않을 수 없다. 특히 지방의 경우 서점도 많지 않고 많은 책을 구비하지 못해서 원하는 책이 있어도 내 손에 들어오기까지 일주일 이상 걸리는 경우도 많다. 하지만 이제 인터넷으로 어떤 책이든 책 제목에서부터 가격, 책 상태, 재고 유무에 이르기까지 모든 정보를 확인하고 구입할 수 있는데다가 불과 2~3일이면 책을 받아볼 수 있다. 그렇다 보니 예전보다 책을 더 많이 구입하게 되었다.

다만 인터넷 서점의 단점이 하나 있다면 신간과 베스트셀러 위주로 구성이 되어 있어서 출간된 지 꽤 된 책들은 눈에 띄지 않는다는 것이다. 게다가 최근 들어 책의 수명이 짧아지면서 3~4년만 지나도 품절되거나 절판되어 책을 구입하기 어려워졌다. 이런 부분을 보완해 줄 수 있는 것이 도서관이다. 도서관은 신간 중심의 서점과 달리 오래된 책도 충실히 구비되어 있어서 비록 출간된 지는 오래되었어도 좋은 책들을 접할 수 있는 절호의 장소다.

책을 사 보기를 권하는 이유

그렇다면 이런 질문이 나올 수 있다. '처음부터 도서관을 이용해서 책을 보는 것이 좋은 것 아닌가?' 도서관에서는 신간과 구간을 가리지 않고 공짜로 책을 빌려 볼 수 있으니 말이다. 그러나 독서에 익숙하지 않은 초보자들일수록 도서관보다는 서점에서 책을 사 보기를 권하는 것은 시간과 노력을 투자하고 결과물을 직접 소유하는 과정을 경험하는 것이 중요하다고 생각하기 때문이다.

책을 읽고 나면 그 안에 담긴 생각들은 내 머릿속으로 옮겨 오지만 그것은 상당히 추상적인 과정이라 몸으로 실감하기 어렵다. 그래서 책이라는 물건을 직접 소유하고 줄을 치거나 이름을 적는 식으로 내 것으로 만드는 과정이 필요하다. 책을 읽는 것이 익숙한 사람이라면 상관없겠지만 그렇지 않다면 눈에 보이는 결과물이 있어야 성취감을 느낀다는 것이다. 무엇보다도 책이라는 물건 자체에 애정을 가지게 되는 것만큼 좋은 독서 습관은 없다.

누군가에게는 책에 돈을 쓴다는 것이 부담스럽게 느껴질 수도 있겠다. 그러나 수많은 자기 계발법 중에서 1~2만 원 내외의 적은 돈으로 시작할 수 있는 것은 독서가 유일하다. 헌책방에서 책을 사는 것도 좋다. 자신의 미래를 바꾸기 위한 최소한의 투자금 이라는 마음으로 시작해 보길 바란다.

　단지 정도의 차이만 있을 뿐 누구에게나 지적인 성장을 하고 싶은 욕구가 있다. 그 욕구를 끊임없이 자극해 주는 환경에 노출 되어 있다면 실제 행동으로 이어질 가능성이 더 커진다. 책을 읽 어야겠다는 막연한 결심만 되풀이하고 있다면, 굳은 결심이 작 심삼일로 흐지부지됐다면, 억지로 책을 펼치려 애쓰지 말고 지 금 당장 자리에서 일어나라. 서점, 헌책방 어디라도 책이 있는 곳으로 가 그곳의 공기를 온몸으로 느낀 뒤 책 한 권을 사들고 오자. 아마 독서를 향한 열정이 대단했던 그 초심으로 다시 돌아 갈 수 있을 것이다.

추천 도서가 아니라
끌리는 책부터
먼저 읽어라

강연에서 종종 "교수님, 어떤 책을 읽는 게 좋을까요? 책 좀 추천해 주세요"라는 말을 듣는다. 대체로 책과 친하지 않았다가 독서를 결심하는 사람들이 어떤 책으로 시작해야 할지 난감해 하면서 읽으면 좋은 책, 읽어야 할 책을 추천해 달라고 말한다. 이런 질문을 받았을 때 다른 이들은 어떻게 답하는지 모르겠지만 내 대답은 항상 같다.

"그냥 눈에 띄는 책, 마음에 끌리는 책부터 읽으세요."

만약 내 밑에서 오래 공부한 제자나 친한 친구가 내게 그런 질문을 했다면 상대방에 맞춰서 책을 추천해 주었을 것이다. 책을 읽을 사람이 무엇을 좋아하는지, 요즘 어떤 분야에 관심을 가지고 있는지 등등 그 사람의 취향과 관심사를 잘 알고 있기 때문이다. "요즘 논어 공부하고 있지? 그렇다면 시모무라 고진의 책부터 읽어 보면 도움이 될 거야"라든가 "내가 보기에 넌 아멜리 노통브의 소설을 좋아할 것 같아. 한번 읽어 봐"라는 식으로 말이다.

하지만 강연에서 만난 사람들에게는 상대방이 어떤 사람인지 잘 모르기 때문에 이런 식의 추천을 할 수가 없다. 물론 내게 유용했던 책 목록을 참고삼아 말해 줄 수는 있겠지만 먼저 묻지 않는 이상 굳이 덧붙이지 않는 것은 혹시라도 내 도서 목록을 따라 읽다 독서에 흥미를 잃게 될까 봐서다. 차라리 내가 끌리는 책부터 읽어서 독서에 대한 흥미를 이어 나가는 게 훨씬 낫다.

추천 도서에 너무 얽매이지 마라

책을 읽을 때 '나 자신'이 중심에 없는 것만큼 시간 낭비인 것은 없다는 게 내 생각이다. 학교나 믿을 만한 기관에서 추천해 준 책이 있다고 하자. 그 책이 아무리 좋은 책이고 남들에게 재미와 유익함을 모두 주었다고 해도 나의 흥미를 끌지 못할 뿐만 아니라 읽고 난 뒤에도 왜 이 책을 읽었어야 하는지 나름의 답을 찾지 못했다면 그 독서는 '나에게는' 무의미한 독서다.

　내 눈에 띈다, 마음에 끌린다는 것은 책의 제목, 카피, 다루는 주제, 저자 등등 책의 요소 중 어느 하나가 나와 연결점이 있다는 말이다. 서점에서 지나가는 길에 고가 후미타케의 『미움받을 용기』라는 책이 눈에 띄었고 갑자기 호기심이 생겨 그 책 앞에 발길이 멈췄다고 하자. 관심이 갔던 이유는 사람마다 다를 것이다. 요즘 마음대로 풀리지 않는 인간관계 때문에 마음이 편치 않았던 참이어서일 수도 있고, 심리학 책을 좋아하는데 아들러 심리학을 다루고 있다고 해서 끌렸을 수도 있다. 표지 디자인이 마음에 든다는 아주 단순하고 감각적인 이유인 경우도 있다.

　어찌 되었든 지금 내가 하고 있던 고민, 관심사, 디자인 취향 등 그 어떤 요소와 강한 연결을 느꼈던 것일 테고 이것은 마치 '첫눈에 사랑에 빠진 경험'에 비견될 만하다. 첫눈에 반한 사람을 두고 그냥 지나쳐 가거나 전혀 다른 사람을 좋아하려고 노력한다면 정말 이상하지 않을까? 책을 읽는 것도 마찬가지다. 세상에 좋은 책은 무궁무진하고 우리의 시간은 한정되어 있다. 읽기 싫은 책, 지금 나의 흥미를 끌지 않는 책을 억지로 읽을 필요가 없다.

　내가 상대방이 어떤 사람인지 모를 경우에 책을 추천해 주는 것은 무의미한 일이라고 생각하는 것은 바로 이런 논리에서다. 나에게 감동을 준 책, 내가 제일 좋아하는 책이 다른 사람에게도 그럴 것이라는 보장은 없다. 물론 누군가의 추천이나 필독서 목록이 참고 사항이 될 수는 있겠지만 반드시 그 목록에 따라 읽으려고 하지는 마라.

이런 식으로 좋아하는 책을 찾아 독서를 하다 보면 자연스럽게 좀 더 좋아하는 책이나 저자가 생긴다. 그러면 그것을 중심에 두고 책을 찾아 읽어 나가면 된다. 좋아하는 저자의 책을 모두 찾아서 읽거나, 그 사람이 책에서 언급하는 책을 찾아 읽는 식으로 말이다. 나의 경우 소설가 다자이 오사무를 굉장히 좋아해서 그의 모든 작품을 섭렵했다. 내가 좋아하는 사람이 좋아한다고 말한 물건, 추천하는 맛집이라면 나도 자연스럽게 관심이 가는 것처럼 독서도 역시 그런 식으로 해 나가면 된다. 이렇게 연결 고리를 따라 계속 책을 찾아 읽는 것을 '연쇄 독서'라고 한다.

최근에 나는 미국의 소설가 도널드 웨스트레이크의 작품에 푹 빠져 있다. 『뉴욕을 털어라』라는 소설을 읽었는데 여기에 등장하는 '도트문더'라는 주인공이 너무나 매력적이었다. 이 주인공이 웨스트레이크의 다른 작품에도 등장한다고 해서 다른 작품까지 찾아 읽고 있다. 일본에서 출간된 번역서들이 대부분 품절되어 헌책방에 부탁해 책을 구할 정도다. 이런 즐거움에 푹 빠져 있다 보면 어떤 책을 읽어야 할지 고민할 겨를이 없다. 오히려 다음 책을 찾아가는 설렘을 느낄 수 있다.

당신이 성장하는 만큼 독서의 폭도 넓어진다

간혹 내가 좋아하는 책만 읽으면 독서가 편협해지지 않겠느냐고 걱정하는 사람들이 있지만 기우다. 거꾸로 책을 많이 읽는 사람들을 떠올려 보면 그들은 신기하다 싶을 만큼 다양한 분야를 넘나들며 폭넓은 독서를 한다. 단지 그들이 다방면에 관심이 있는 사람들이어서만은 아니다. 나는 그것이 가능한 이유가 한 사람이 성장함에 따라 관심사나 생각할 거리들이 다양해지기 때문이라고 생각한다.

처음 신입 사원으로 회사에 들어간 사람도 시간이 지나면 대리가 되고 과장이 되는 식으로 발전을 하게 된다. 그러면 자연스럽게 일과 사회생활에 대한 고민이 변화할 수밖에 없다. 대리 때 흥미롭게 읽었던 책과 과장일 때 흥미를 끄는 책이 달라지는 것이다. 삶의 모습이 시시각각 변하면서 관심사와 고민, 절대 변하지 않을 것이라고 생각했던 취향까지도 함께 변화한다. 그렇기 때문에 나 자신, 내 삶의 모습에 대한 관심을 책과 연결 짓는다면 평생 특정한 분야, 특정한 장르의 책만 고집하게 될 확률은 낮다.

게다가 평생 책을 읽으며 지적 호기심을 자극하는 일을 게을리하지 않는 사람은 이리저리 분야를 옮겨 가며 자신의 지적 성장을 위해 끊임없이 노력하게 된다. 책을 읽을수록 '더 많이 읽고 싶다, 더 알고 싶다'는 욕구가 샘솟는 것이다. 마르크스에 대한 책을 열심히 읽고 난 뒤 자연스럽게 '마르크스의 기독교 비판에 대해 기독교는 어떤 식으로 대응했을까?'라는 의문을 안고 정반대 지점에 있는 기독교에 관한 독서로 넘어가는 식으로 모든 책들이 거대한 지식망을 이루며 연결될 가능성이 커진다.

독서에도 좋아하는 마음이 중요하다. 공자도 『논어』에서 '아는 것은 좋아하는 것만 못하고, 좋아하는 것은 즐기는 것만 못하다'고 말하지 않았는가. 말하자면 '아는 것은 학문을 좋아하는 사람을 이길 수 없고, 좋아하는 것을 넘어 진정으로 학문을 즐기는 사람에게는 당해 낼 수 없다'는 것이다. 내가 좋아하는 책을 읽을 때 그 어떤 책보다 더 깊게 읽을 수 있고, 즐거움과 행복을 느낄 수 있다.

어떤 책을 읽어야 할지 몰라 서점 안을 돌아다니며 망설이고 있다면 일단 가장 마음에 드는 책을 사라. 막상 읽어 보니 내 기대와 다를 수도 있고, 그래서 실망할 수도 있다. 그렇지만 그 실패를 토대로 그다음에는 어떤 종류의 책을 골라야 할지 힌트를 얻을 수 있을 것이다. 그런 경험이 쌓여 나만의 책 목록을 만들어 가는 것 역시 독서의 즐거움이다. 당신 삶의 고유한 향기가 묻어나는 개성 있는 목록이 만들어지길 기대해 본다.

독서는
책장을 만드는 순간부터
시작된다

얼마 전 대학 신입생들과 함께 이야기를 나누다가 놀라운 이야기를 들었다. 한 학생이 자신의 집에는 책장이 없다는 말을 한 것이다. 책 자체를 많이 읽지 않는데다가 대부분 책을 빌려 읽기 때문에 책장이 필요 없다는 이야기였다. 물론 일본의 집 크기가 협소하기 때문에 큰 책장을 들여놓기 어려운 부분도 있을 것이다. 그렇지만 책을 꽂아 놓는 1~2단 정도의 작은 책장도 없다는 말은 커다란 충격이었다. 책장이 없는 집, 즉 집에 책을 두지 않는 집은 나로서는 상상할 수도 없다.

1년에 책을 5권 읽을까 말까 한 사람이라고 해도 스스로에게 특별한 의미가 있는 책 한두 권은 있을 것이다. 읽는 내내 눈물을 흘리게 하고 며칠간 책 내용이 머릿속에서 떠나지 않을 정도로 감동을 준 것일 수도 있고, 일을 할 때 여러모로 유용한 내용이 담겨 있어서 수시로 펼쳐 보는 책일 수도 있다. 그런 책이라면 마치 좋아하는 사람을 가까이에 두고 싶은 것처럼 언제라도 꺼내 볼 수 있는 곳에 두고 싶은 것이 사람 마음이다.

그런데 책장이 없다는 것은 그만큼 마음속에, 생활에 책이 차지하는 비중이 적고 인생에 영향을 주는 책도 없다는 의미일 것이다. 그래서 책을 읽지 않는다는 말보다 집에 책장이 없다는 말이 내게는 더 큰 충격으로 다가왔다.

내가 좋아하는 책들을 꽂은 작은 책장을 만들어라

『장미의 이름』을 쓴 작가 움베르토 에코는 "책을 사서 책장에 꽂아만 둬도 그 책이 머리에 옮겨 간다"고 말했다. 나 역시 책장에 책을 꽂아 두고 바라보는 것만으로도 독서가 시작된다고 믿는다. 관심이 있어서 샀든, 일 때문에 등 떠밀려서 샀든 책장에 두면 그 책과의 관계는 이미 시작된 것이나 다름없다. 책장에 책을 꽂는 순간부터 책은 '나 여기 있어'라는 메시지를 끊임없이 보내오기 때문이다.

나는 가끔 퇴근을 하면 서재에 들어가 책장을 훑어보면서 시간을 보낸다. 내가 읽었던 책, 끝까지 읽지 못한 책, 우선 구입만 하고 꽂아 둔 책들이 한눈에 보이기 때문에 책들을 살펴보는 것만으로 새로운 자극을 받는 기분이다.

내가 좋아하는 책이 눈에 더 잘 띌 수 있도록 정리도 하고, 몇 년 전에 읽고 잊고 있었던 책을 꺼내 들춰 본다. 분명 내가 읽었던 책이지만 기억이 희미해질 때가 많은데, 이렇게 책장을 훑어보면 '아, 맞아. 이 책에 이런 내용이 있었지' 하며 다시금 책의 내용이 떠오른다. 다양한 분야의 책을 읽는 것이 내면에 여러 종류의 나무를 심어 풍성한 숲을 만들어 가는 것이라면, 책장은 내 안에 어떤 나무들이 자라고 있는지 한눈에 확인할 수 있는 좋은 증거다. 그래서 단지 책장에 꽂힌 책의 표지나 제목을 보는 것만으로도 간절히 찾고 있던 아이디어가 떠오를 수 있으며, 잠시 잊고 있었던 지적 호기심이 깨어날 수 있다.

힘든 일이 있을 때면 오래 전 내게 감동을 주었던 책들을 되짚어 본다. 온갖 인생의 고난을 뛰어넘은 사람들의 이야기를 떠올리며 다시 힘을 내기도 하고, 불현듯 고민의 답을 얻는 순간도 있다. 책장이 '마음의 버팀목' 역할을 하는 것이다. 굳이 책을 꺼내서 처음부터 끝까지 다시 읽지 않더라도 책장 앞에 서는 순간 책을 읽는 것과 비슷한 효과를 얻는다.

만약 당신이 제대로 된 독서 습관을 만들고 책을 읽기로 마음 먹었다면 자신만의 책장 하나쯤은 들여놓기를 바란다. 영화에서 나올 법한 멋진 서재나 커다란 책장이 아니어도 좋다. 그저 내가 읽은 책들, 읽고 있는 책들을 꽂아 둘 수 있는 소박한 책장이면 된다. 책장에 두꺼운 고전이나 10권짜리 전집을 꽂아 놓는 사치를 부릴 필요도 없다. 나만 해도 소설, 만화, 동화책, 전공 서적 등 분야를 가리지 않고 다양한 책들을 내가 원하는 위치에 자유롭게 꽂아 놓는다. 누군가 와서 내 책장을 봤을 때 전형적인 교수의 책장이라고 생각하는 것보다 "이런 책도 읽으시는군요!"라고 깜짝 놀라는 것이 더 좋다고 생각하기 때문이다. 덕분에 우리 집은 책장으로 인해 생활이 불편할 정도가 되었다. 이제 그만 책장을 늘리라는 가족들의 핀잔을 듣기도 하지만 책장에서부터 독서가 시작된다는 생각에는 변함이 없다.

현대 일본 최고의 지식인이라고 평가받는 다치바나 다카시는 분야를 가리지 않고 엄청난 양의 독서를 하는 것으로 유명하다. 연구실이자 서재로 4층짜리 건물을 쓰고 있는 그도 처음에는 사과 상자를 책장으로 사용했다고 한다. 두세 평 정도의 작은 단칸

방에서 살던 시절에는 거실 한 켠에 의자를 두고 그 중심으로 사과 상자를 쌓아 자신만의 서재를 만든 것이다. 남들이 보기에는 볼품없어 보일지 몰라도 내가 원하는 대로 상자를 쌓아 책장을 만들 수 있고, 이사를 갈 때는 상자째 바로 책을 옮길 수 있으니 그에게는 사과 상자가 최고의 책장이었다. 그는 아직까지도 사과 상자를 버리지 못하고 소중하게 간직하고 있다고 한다.

　당신도 역시 사과 상자 책장에서부터 시작할 수 있다. 상자 1개부터 시작해 보자. 그리고 내가 읽은 책들이 차차 쌓여 가는 만큼 내 안에 인류의 지식과 현자의 지혜가 쌓이는 것을 실감할 수 있을 것이다. 혹시 모르는 일이다. 그러다 당신도 다치바나 다카시 못지않은 지성인이 될지.

다른 사람의
독서법에
연연해 하지 마라

5

요즘 루이스 캐럴의 소설 『이상한 나라의 앨리스』를 읽고 있다.
어렸을 때 읽었던 동화를 어른이 되어 읽으니 다시 새롭게 보이
는 부분이 참 많다. 그저 재미있는 이야기라고만 생각했는데 동
화 안에는 인생에 대한 풍부한 비유와 반짝이는 통찰이 가득하
다. 그중에 인상 깊었던 것은 길을 잃은 앨리스가 체셔 고양이에
게 길을 묻는 장면이었다.

앨리스: 내가 어디로 가야 하는지 길을 알려 줄래?

체셔 고양이: 그건 네가 어디로 가고 싶은가에 달렸지.

앨리스: 난 어디든 상관없어.

체셔 고양이: 그렇다면 어느 길로 가든 상관없잖아?

앨리스: 어딘가에 도착하기만 하면 돼요.

체셔 고양이: 그럼, 넌 분명히 도착할 거야. 계속해서 걷다 보면 말이야.

이 대화는 마치 인생에서 어느 길로 가야 할지 몰라 방황하는 우리들에게 끝까지 포기하지 말고 묵묵히 걷다 보면 어디에든 도착하게 될 것이라고 말하는 것 같다.

독서도 마찬가지 아닐까?

책 읽기가 낯설고 두려운 사람들은 어떤 책을 어떻게 읽어야 할지 모르겠다는 막막함과 부담감을 쉽게 떨치지 못한다. 그래서 나 같은 사람을 붙잡고 '선생님, 저는 어떻게 해야 할까요?'라고 묻기도 하고 남들처럼 서점에 가서 인기가 있다는 책을 한 권 구입해 읽다가 흥미를 느끼지 못하고 '역시 난 독서는 맞지 않아' 하고 좌절하기도 한다. 그렇지만 체셔 고양이의 말처럼 일단 계속해서 읽다 보면 독서의 길을 걷고 있다는 것을 깨닫게 될 것이다.

나에게 가장 잘 맞는 책은 어떤 책인지, 어떻게 읽는 것이 가장 효과적인지 등등에 대한 답은 읽다 보면 알게 된다. 누구나에게 다 통하는 정답이 있다면 좋겠지만 인생이 그렇듯 책 읽기에도 그런 것은 없다.

누구에게나 통하는 독서법은 없다

A는 책을 읽다가 인상적인 부분이 나오면 밑줄을 긋고 따로 옮겨 적는다. 꼭 기억해야 할 부분, 핵심이라고 생각되는 부분은 몇 페이지든 노트에 그대로 옮겨 적어 자신의 것으로 만들기 위해 노력한다.

B는 책을 읽을 때 메모는 절대 하지 않는다. 메모를 하면 독서의 흐름이 끊기고, 따로 적어 두었으니 책 내용을 기억하기 위해 노력하지 않게 된다고 생각하기 때문이다. 메모를 할 시간에 차라리 책을 한 권 더 읽는 것이 낫다고 생각한다.

A와 B의 방법 중 어떤 것이 책 읽기에 더 효과적일까?

A는 미국 16대 대통령이었던 에이브러햄 링컨이다. 그는 대통령 취임식이 끝나자마자 의회 도서관으로 달려가 대통령 업무에 도움을 줄 수 있는 책을 찾아 읽었다는 이야기를 남겼을 정도로 책을 좋아했다. B는 1991년 35살의 나이로 일본 마이크로소프트 대표이사에 임명되어 주목을 받았던 나루케 마코토다. 그는 퇴사 후 서평 사이트 'HONZ'를 운영하는 책 칼럼니스트로 활동

할 정도로 일본에서 알아주는 애서가다.

링컨과 마코토 모두 엄청나게 많은 책을 읽은 독서광이지만 책을 읽고 메모를 할 것인가라는 아주 사소한 문제에서도 의견이 정반대다. 그러니 두 사람의 독서법을 접한 사람은 혼란에 빠질 수밖에 없다.

완전히 다른 방향의 독서법이 존재한다는 것은 결국 정답은 없다는 뜻일 게다. 두 사람은 자신에게 꼭 맞는 독서법을 찾았고 거기에 따라 열심히 책을 읽었기에 그 누구보다 많은 책을 읽은 것뿐이다. 즉 다른 사람에게 유용했다고 해서 나에게도 무조건 잘 맞는 방법일 거라는 보장은 없다. 다만 시행착오를 줄일 수 있도록 다른 사람의 사례를 참고하는 정도면 된다.

독서 경험이 늘어날수록 나만의 독서법이 생긴다

나의 경우 처음에는 크게 지식을 얻는 독서와 재미를 얻는 독서로 나누어 독서법을 만들어 나갔다. 인문학, 경제경영, 과학 등 지식이나 정보를 전달하고 스스로 공부할 수 있도록 도와주는 책을 읽는 게 지식을 얻는 독서라면 소설, 만화, 에세이 등의 책은 재미를 주는 독서가 될 것이다.

내 연구를 병행해야 하는 대학원 시절에는 지식을 얻는 독서 중심으로 책을 읽었다. 그런데 이런 종류의 책들을 반복해서 읽다 보니 사실을 정확하게 전달하기 위한 글은 명백한 문장들로 구성되어 있고 논지가 분명해서 문장을 음미할 필요가 없고 읽는 방식에 따라 다양하게 해석될 수 있는 다층적인 글이 아니라는 것을 깨닫게 되었다. 빠르게 읽어 나가면서 논지를 파악하는 것으로도 충분하다. 그런데 이런 독서만 하다 보니 답답하다는 느낌이 들면서 다른 종류의 책들도 읽고 싶다는 욕구가 생겨났다.

자연스럽게 출퇴근 시간, 카페에서 잠시 쉬는 시간 등을 이용해 문학 작품을 읽게 되었다. 문학 작품은 저자가 창조한 세상과 세계관을 즐기고 음미하는 것이 목적이기 때문에 지식을 얻는 독서처럼 빠르게 읽어 나가면 그 맛을 제대로 느낄 수 없다. 풀코스 요리를 10분 만에 먹어 치우는 것이나 다름없을 만큼 아까운 일이다. 19세기 러시아를 무대로, 일본의 헤이안 시대를 배경으로 한 작품을 읽으며 그 속에서 살아가는 주인공의 심정을 그대로 느끼는 것이 이 독서의 묘미다. 게다가 작품을 어떤 시각으로 바라보고 해석하느냐에 따라 감상이 달라지니 여러 번 반복해서 읽는 독서법이 효과적이었다.

이런 경험이 계속해서 쌓이게 되면 나만의 독서법이 점차 세분화된다. 이를테면 같은 문학 작품이라고 해도 미스터리 소설이나 추리 소설은 다의적인 해석이 필요하지 않다는 것을 깨닫게 되었다. 문장 하나하나에 깊은 맛은 없지만 흥미로운 전개를 따라 쭉 읽으면 된다. 문학이지만 속독이 어울리는 책인 셈이다. 그래서 전철 안에서 주로 이런 종류의 책을 읽는다. 쉽게 집중할 수 있고 짧은 시간 동안 빠르게 읽을 수 있기 때문이다. 반면에 지식을 주는 독서는 사무실에 출근해 30분이나 1시간 정도 집중해서 읽는다. 머리가 활성화되고 지적인 호기심이 자극되어 일을 시작할 수 있는 상태가 되기 때문에 일석이조다.

책이라고 해서 모두 같은 독서법을 적용해야 하는 것은 아니다. 책에 따라, 독자인 나의 환경과 조건에 따라 독서법은 그때그때 달라질 수 있다. 일본에서는 매년 신간이 8만 권이 넘게 출간된다고 한다. 커다란 수족관 안에 다양한 종류의 물고기가 몇만 마리 있는데 과연 한 가지 낚시법으로만 고기를 잡을 수 있을까? 고기의 종류에 따라 다른 미끼와 낚싯바늘이 필요할 것이다.

이 책에서 나의 독서 경험과 나는 물론이고 제자들, 독자들에게 유용했던 독서법을 소개하고 있지만 무엇보다도 당신 자신만의 독서법을 만들어 나가야 한다는 것을 잊지 말기를 바란다. 어디까지나 참고해야 할 사항이지 무조건 따라할 필요는 없다.

처음에는 열심히 읽었는데 시간 낭비였다거나 좋은 책인 줄 알고 구입했는데 막상 읽어 보니 별로 도움이 되지 않았다는 식으로 많은 시행착오를 겪게 될 것이다. 그렇지만 낙담할 필요도, 포기할 필요도 없다. 오히려 책을 읽은 자신을 아낌없이 칭찬해 주면서 그 실패와 아쉬움이 더 즐겁고 유익한 책 읽기로 이끌어 줄 것이라는 것을 믿으면 된다. 그렇게 계속 책을 읽다 보면 어느샌가 제대로 된 책을 한눈에 알아보고, 어떻게 읽어야 주어진 시간을 최대한 활용하면서 나에게 꼭 맞는 방법으로 책을 읽을지 스스로 알게 될 것이다.

바로 써먹을 수 있는
살아 있는 독서의 기술 10

내가 남들보다
더 많은 책을
읽을 수 있었던 비결

미국의 39대 대통령 지미 카터는 처음 백악관에 입성했을 때 제 대로 쉴 수 없을 정도로 너무 많은 업무에 압도당했다고 한다. 매일 사람들을 만나고 회의에 참석해야 하는데 그러기 위해 읽 어야 할 보고서와 책이 어마어마했던 것이다. 정치, 경제, 사회, 세계 등 각종 현안에 대한 보고서와 검토해야 할 서류들이 책상 에 쌓여 갔고, 업무 시간에 그 모든 자료를 읽을 수 없어 침실에 서도 일을 해야 할 지경에 이르렀다. 그가 서류를 검토하다 지쳐 잠에 드는 일이 많아지자 참모들과의 회의 끝에 결국 속독을 배 우기로 했다. 지미 카터는 훗날 자신의 회고록에서 "첫 주에는 평소보다 2배를 빨리 읽게 되었고, 얼마 후 전보다 3배 빨리 읽을 수 있게 되었다. 그래서 더 이상 읽지 못한 서류를 가지고 침대로 올 필요가 없어졌다"고 밝혔다.

주어진 시간 안에 더 많은 글을 읽고 보다 정확하게 핵심을 파악하는 능력은 비단 대통령에게만 요구되는 것은 아닐 것이다. 특히 요즘처럼 정보의 양이 폭발적으로 늘어난 시대에는 더욱 그렇다. 글의 내용을 빠르게 파악해야 새로운 아이디어를 도출하는 다음 단계로 넘어가는 시간이 단축될 수 있다.

그렇다고 뜻을 하나하나 헤아리며 꼼꼼하게 읽는 정독이 중요하지 않다는 말이 아니다. 글에 담긴 의미를 다층적으로 읽어 내고 비판적인 질문을 던지며 생각하는 힘을 기르는 독서와 글이 전하고자 하는 바를 빠르게 찾아내고 핵심을 정리하는 독서가 필요에 따라 적절하게 병행되어야 한다. 다만 내게 주어진 자료를 읽고 분석하는 것은 공부를 하든 일을 하든 결과를 도출하기 위한 기초 단계인데 그 과정에 많은 시간을 할애해야 한다면 시작부터 불리하리라는 것은 말할 필요도 없다.

속독에 대한 오해

내가 본업인 교수 외에 다양한 일을 하면서도 남들보다 더 많은 책을 읽을 수 있는 것은 정해진 시간 동안 빠르게 책을 읽는 훈련이 되어 있는 덕분이었다. 지미 카터 대통령처럼 속독법을 정식으로 배운 것은 아니지만 아무래도 한정된 시간 동안 많은 책을 읽고 주어진 업무를 해야 하니 나도 모르게 요령이 늘었다고 할까.

그런데 내가 속독의 장점에 대해 이야기하면 '그렇게 빠르게 읽으면 내용을 대충 파악할 수밖에 없지 않느냐'는 질문을 많이 받는다. 아무리 시간이 부족해도 정독이 더 좋은 독서법이 아니냐는 선입견이 널리 퍼져 있는 탓이다. 그렇지만 이것은 정독을 자세하고 세밀하게 읽는다는 의미의 정독(精讀)과 글의 의미를 바르게 파악한다는 정독(正讀)을 같은 것으로 혼동해서 생긴 오해다. 결론부터 말하자면 빠르게 읽었다고 해서 글의 의미를 제대로 파악하지 못하는 것도 아니고, 천천히 읽는다고 해서 글을 제대로 읽은 것도 아니다.

초등학생이 책을 읽는 모습을 관찰해 보면 심하다 싶을 정도로 아주 느리게 책을 읽는 아이들이 있다. 사람에 따라 읽는 속도는 다를 수 있으니 큰 문제는 아니라고 쳐도, 글을 얼마나 이해했는지 테스트를 하면 이해도는 40~50퍼센트에 그친다. 그렇게 많은 시간을 들여 읽었음에도 글을 제대로 읽지 않은 것이다.

이 아이들은 읽는 것 자체가 제대로 훈련되어 있지 않아서 글을 읽는 와중에도 멍하니 글자만 바라보면서 순간순간 딴생각을 한다. 눈은 책을 읽고 있다지만 머리는 전혀 다른 곳에 가 있다. 그러니 책의 내용이 머릿속에 들어올 리 없다.

반면에 어렸을 때부터 독서를 좋아하고 책을 많이 읽은 아이들을 보면 빠른 속도로 책을 읽으면서도 주요 내용을 제대로 파악한다. 물론 빨리 읽었기 때문에 세세한 부분을 놓치거나 기억하지 못하는 경우는 있지만 책에서 이야기하고자 하는 주제를 완전히 틀린 방향으로 정리하는 경우는 거의 없다.

아무리 긴 시간을 들여 읽었어도 내용을 제대로 파악하지 못했다면 정독이라고 할 수 없다. 즉 책을 제대로 읽었는지의 문제를 시간으로 파악해서는 안 된다는 말이다.

독서는 글의 내용을 정확히 이해하는 것이 중요하지 단순히 처음부터 끝까지 눈으로 읽은 것이라면 의미가 없다. 생각은 거의 정지한 상태에서 눈알만 움직이며 글자를 따라가는 것은 책을 읽은 것이 아니라 책을 '본' 것이다.

책을 읽었다면 다음과 같은 질문에 답할 수 있어야 한다.

─ 저자가 말하고 싶은 것이 무엇인가?

- 다 읽은 후에 어떤 생각이 떠올랐는가?

- 어느 부분이 가장 기억에 남는가?

- 다시 읽는다면 어느 부분을 제일 먼저 읽겠는가?

- 어떤 점을 배웠는가?

이 질문에 망설이거나 머뭇대지 않고 답을 하되, 다른 사람보다 적은 시간을 투자해 책을 읽었다면 그것보다 좋은 것은 없을 것이다. 내가 이 책에서 말하고자 하는 '빠르게 읽기'란 단지 책 한 권을 빨리 읽는 기술이 아니라 최소한의 시간으로 내용을 정확하게 파악하는 효율적인 독서법이다.

그러므로 단순하게 '얼마나 빨리 읽었는가', '얼마나 많이 읽었는가'라고 질문을 던지려 하지 말고 '얼마나 효율적으로 읽을 것인가', '의심하고 따져 보면서 내 생각의 깊이를 넓혔는가'의 문제로 접근하길 바란다.

책 읽는 속도가 느린 사람들에게

만약 당신이 책 읽는 속도가 너무 느리고 그래서 읽은 책도 몇 권 되지 않는 문제에 처해 있다면 조언해 주고 싶은 것이 두 가지 있다. 첫 번째, 책을 읽는 동안 '다른 사람에게 이 책의 내용을 정리해서 설명해야 한다면 어떻게 설명할까?'라는 질문을 염두에 두고 읽어 나가라.

혹시 내용이 너무 어려운 책이라서 다 읽고 나서도 무슨 내용을 읽었는지 기억하지 못한 적이 있지 않은가? 세부적인 내용을 파악하는 데만 너무 치중하다 보면 전체를 놓치게 된다. 특히 독서가 익숙하지 않은 사람에게 흔히 일어나는 일이다.

그런데 책 내용을 누군가에게 설명해야 한다는 목표를 세우면 집중도가 높아지고 저자가 책을 통해 전달하려는 핵심 내용을 계속 염두에 두면서 전체적인 내용을 논리에 따라 파악하기 위해 노력하게 된다. 즉, 머릿속에 책 내용을 지도로 그리는 연습을 하는 셈이다. 이렇게 하면 가장 중요한 줄기를 따라 전체를 이해할 수 있고, 중요하지 않은 부분에서 헤매는 일이 줄어들기 때문에 독서 속도가 빨라지며, 기억에도 오래 남는다.

두 번째, 책은 읽으면 읽을수록 더 많은 책을 더 빠르게 읽을 수 있게 되기 때문에 성실하게 읽는 것 외에는 정답이 없다.

책 100권을 읽은 사람이 1권을 읽는 것과 책을 5권 읽은 사람이 1권을 읽는 것 중에 어느 쪽이 더 능숙하게 책을 읽을까? 당연히 책 100권을 읽은 사람일 것이다. 그는 풍부한 독서 경험에 따라 책을 어떻게 읽어야 할지 무의식적으로 결정하고 나름의 노하우를 살려 책을 읽는다. 그러나 책 읽은 경험이 별로 없는 사람은 책에 대한 부담감을 내려놓고 온전히 몰입하는 데부터 시간이 지체된다.

그렇다면 심리학 책을 10권 읽은 사람과 읽어 본 적이 전혀 없는 사람이 똑같은 심리학 책을 1권 읽는다고 하자. 어느 쪽이 더 빠르고 정확하게 책을 읽을까? 이 질문에 대한 답 역시 심리학 책 10권을 읽은 사람일 것이다. 심리학 전공자가 심리학 책을 읽으면 앞에 몇 페이지만 읽고서도 '아, 이 책은 인지심리학을 바탕으로 쓴 것이군' 하면서 전체 내용을 빠르게 파악할 수 있다. 그러나 심리학에 대해 전혀 아는 게 없는 사람이라면 기본적인 개념부터 알아 나가야 하니 시간이 오래 걸릴 수밖에 없다.

다시 말해, 독서 초보자일수록 책 읽기는 어렵고 시간이 오래 걸린다. 책을 읽은 경험이 없어 독서 요령 자체가 없든 책이 다루고 있는 분야에 대해 아는 것이 없어 내용을 파악하기 어려운 것이든 말이다. 이 말은 거꾸로 생각하면 독서를 하면 할수록 한정된 시간 안에 읽을 수 있는 책의 수가 늘고, 독서의 질도 높아진다는 뜻이다. 이해하고 생각하는 능력은 정비례로 늘어나고 책을 읽는 속도와 투입되는 노력은 반비례로 줄어든다.

그렇기 때문에 설령 지금 당장은 책 읽는 속도도 느리고 나아지는 게 없는 것처럼 보일지 몰라도 절대 포기하지 말고 꾸준히 책을 읽어야 한다. 어느 정도 독서가 쌓이면 자연스럽게 질적인 성장을 이루게 되지만 처음부터 시작하지 않으면 그 경지에 이를 수 없다.

다독가들이 책을 많이 읽을 수 있었던 것은 그들이 처음부터 책을 많이, 빠르게 읽을 수 있는 능력을 타고났기 때문도 아니고 유난히 똑똑하고 지능이 좋아서도 아니다. 그저 꾸준히 읽는 동안 수많은 지식과 사고력이 쌓였고 나름의 요령까지 생기면서 독서 속도가 빨라진 것이다. 누군가의 독서량을 마냥 부러워하지만 말고 당신도 지금 도전해 보길 바란다. 3년 뒤, 10년 뒤 누군가가 당신을 부러워하게 될 수도 있으니 말이다.

표지와 차례로
좋은 책을 찾는 법

Q. 맨 처음 책을 접했을 때, 반드시 챙겨 읽는 것에 체크해 보자.

☐ 책 표지의 제목과 부제, 카피

☐ 저자 소개

☐ 서문

☐ 차례

☐ 책 뒷표지의 소개 글

☐ 색인이나 참고 문헌

 만약 여기에서 3개 이상의 항목에 체크했다면 일단 책 전체 내용을 반 이상 읽은 것이나 다름없다.

당신이 무심코 지나친 차례에 전체 내용이 요약되어 있다

내가 강연에서 이렇게 말을 하면 대부분의 사람들이 말도 안 된다는 표정으로 나를 바라본다. 하지만 위의 항목들은 책이 어떤 내용을 담고 있는지 요약해서 대놓고 알려 주는 힌트이자 가이드이며 사전 준비다. 그저 책을 구성하는 하나의 요소라고만 여기기 쉬운 항목들을 훑어보는 데는 5분이면 충분하다. 무심코 차례나 책 소개 글을 읽지 않고 독서를 시작할 수 있지만 그것은 마치 수업 오리엔테이션을 듣지 않고 무작정 수업을 듣는 것과 마찬가지다.

물론 내 결론이 모든 책에 적용되는 것은 아니며 무조건 과신해서도 안 된다. 최근 들어 경쟁이 심해지면서 책을 만들 때도 제목과 표지에 많은 공을 들이고 그럴듯해 보이는 말로 포장하는 경향이 심해지고 있기 때문이다. 그렇지만 대부분의 경우 위의 항목들만 잘 살펴봐도 이 책이 어떤 주제를 다루고 있으며, 어떻게 논지를 전개해 나가고 있는지, 그리고 어떤 학문을 바탕으로 삼고 있는지를 쉽게 파악할 수 있다.

특히 차례는 반드시 확인해야 할 요소다. 카피나 책 소개 글에는 과장이 섞여 들어갈 수 있지만 차례의 경우 거짓말을 할 수 없다. 차례는 책의 내용을 한눈에 파악할 수 있게 만들어진 지도와 같아서 책의 주제, 전개 방식, 수준을 바로 확인할 수 있고 특히 어떤 부분을 좀 더 유의해서 읽어야 할지, 핵심을 담은 결론은 어디인지를 미리 알 수 있다. 제대로 읽어야 할 부분과 대강 훑어보고 넘어가도 될 부분을 알고 독서를 시작할 수 있어 책 읽는 시간을 효율적으로 운용할 수 있다.

그래서 나는 책을 구입할 때 반드시 차례를 본다. 차례가 내 흥미를 끌거나 도움이 되는 내용을 담고 있다는 판단이 들면 책을 구입하는데 이 기준은 실패 확률이 적은 편이다. 간혹 차례가 산만해서 도대체 어떤 책인지 무엇을 말하고자 하는지 알 수 없지만 읽다 보니 책 내용이 기대보다 좋은 경우도 있긴 한데, 그런 경우에도 책의 구성과 전개 자체가 매우 산만해서 읽기 곤욕스러운 게 대부분이다.

그다음으로 중요한 것은 저자 소개 혹은 저자가 쓴 서문이다. 저자 소개를 보면 이 사람이 어떤 공부를 했으며 어떤 삶을 살았는지 알 수 있다. 서문, 머리말, 프롤로그, 저자의 말 등 저자가 본격적인 책 내용에 앞서 쓴 글들은 그가 어떤 생각을 가지고 책을 썼으며 이 책을 통해 독자들에게 무엇을 주고 싶은지 등을 밝히고 있기 때문에 전체 흐름을 파악하기 쉽고 내게 어떤 시사점을 줄 수 있는지 빠른 판단이 가능하다. 무엇보다도 저자에 대한 호기심은 책을 읽어 나가는 데 큰 원동력이 된다. 단지 그의 지식이 나에게로 전달되는 것이 아니라 그의 삶, 가치관, 경험 모두를 함께 공유하는 것이 독서이기 때문이다.

책을 읽기 전에 사전 준비를 해라

나는 책을 사면 곧장 카페로 들어가 방금 산 책을 훑어보는 습관이 있다. 제목, 차례, 저자 소개 등등 책의 구석구석을 꼼꼼하게 읽어 보면서 대강의 내용을 파악하는 것이다. 이렇게 하는 데는 한 권당 15분이면 충분하지만 다른 사람에게 어떤 책을 샀는지 충분히 설명할 정도가 된다. 이 과정은 마치 갓 잡은 싱싱한 생선의 배를 갈라 깨끗하게 손질해 놓는 것과 비슷하다. 미리 생선을 손질하면 보관하기가 쉽고 다음번에 먹고 싶을 때 바로 꺼내 조리하기가 쉽다. 마찬가지로 책을 사서 읽고 싶다는 의욕이 가장 넘치는 바로 그때 본격적으로 책을 읽기 위한 사전 준비를 해두는 것이다. 이렇게 하면 다음에 다시 책장을 펼쳤을 때 이미 잘 손질해 놓은 상태이기 때문에 언제든 읽을 수 있게 된다.

앞에서도 이야기했지만 책과 사람의 관계는 연애와 비슷한 면이 있다. 한눈에 반해 책을 구입했더라도 의욕과 설렘은 시간이 갈수록 무뎌진다. 수천 수만 권의 책들 가운데 내 마음을 끈 운명적인 책이라면 그대로 방치하지 말고 설레는 마음이 생생할 때 내용을 미리 파악해 의욕이 꺾이지 않도록 준비해 두자.

책을 읽기 전에 어떤 내용인지 대강 파악하고 읽는다면 책을 읽다 헤맬 일도 줄어들고 효율적으로 책을 읽게 된다. 스포일러를 미리 알고 영화를 보는 것처럼 맥 빠지는 일이 아니냐고 말할지도 모르겠다. 하지만 책의 흐름을 타고 빠르게 읽어 나가는 쾌감, 내가 예상했던 대로 저자가 생각을 풀어 놓고 있는지 혹은 예상치 못한 방향으로 지적 자극을 주는지 지켜보는 흥분을 느낄 수 있다. 책을 미리 살펴보는 습관을 통해 좋은 책을 알아보는 안목까지 얻을 수 있음은 물론이다.

만약 최소한의 시간으로 좋은 책을 골라내고 싶다면, 효율적으로 책 읽기를 시작하고 싶다면 차례와 표지를 눈여겨보고 사전 준비를 해라. 집중력과 책을 읽는 속도가 달라졌다는 것을 느끼게 될 것이다.

모든 책을
끝까지 읽어야할
필요는 없다

책을 열심히 읽겠다는 의욕에 넘쳐 3~4권 구입했다. 책을 책장 잘 보이는 자리에 꽂아 두면서 이번에는 정말 이 책들을 다 읽어야지 다짐에 다짐을 거듭했다. 처음 며칠은 계획대로 책을 읽었지만 갑자기 회사가 바빠졌다거나 텔레비전에서 재미있는 프로그램이 방송한다는 이유로 독서는 뒷전이 되어 버렸다. 그렇게 며칠이 지나자 이제는 다 읽지 못하고 책장에 그대로 꽂혀 있는 책들이 부담스럽게 느껴지기 시작했다. '읽어야 하는데, 아직 다 못 읽었는데…….' 마음속에 부담감은 커지지만 그럴수록 자꾸만 책장을 외면하게 된다.

몇 달 뒤, 이번에는 정말 제대로 책을 읽어 보겠다는 굳은 결심을 하고 딱 한 권 샀다. '설마 한 권을 다 못 읽겠어? 괜히 여러 권 사서 스트레스 받느니 한 권씩 읽고 또 사자'는 생각으로 시작한다. 그런데 3분의 1쯤 읽고 보니 책이 너무나 재미가 없다. 내가 관심 있는 분야의 책이라서 고른 건데 기대와 달리 무슨 말을 하는지도 잘 모르겠다. 억지로 책장을 넘겨 보지만 자꾸만 딴생각이 나고 더 이상 읽고 싶지가 않다. 며칠 쉬었다 읽어야지 하고 책상 위에 올려 두었지만 마음뿐, 책 위에 먼지만 뽀얗게 쌓여 간다.

책을 끝까지 읽지 않아도 괜찮다

책을 끝까지 다 읽어야 한다는 압박감을 당신 역시 느껴 본 적이 있을 것이다. 아이러니하게도 압박감이 더 심해지면 심해질수록 책을 손에 다시 잡기가 어려워진다. 끝내지 못한 과제를 회피하고 싶은 마음이 커지기 때문이다.

  그렇지만 내가 읽기로 한 책을 모두 끝까지 읽어야 한다는 생각은 오히려 독서를 방해하는 장애물이다. 세상에는 엄청나게 많은 책들이 있고, 지금 이 순간에도 서점에 신간이 들어오고 있다. 그중에 읽을 만한 가치가 있는 책, 특히 나에게 더 의미 있는 책은 소수일 것이다. 진정으로 필요한 책을 읽기에도 모자란 시간에 아니다 싶은 책을 억지로 읽을 필요도 없고, 그러느라 책을 읽을 의욕이 저하될 필요도 없다. 생각해 보자. 루브르 미술관에 있는 모든 미술 작품을 모두 관람할 수는 없다. 옷과 신발 중에서도 매일 입다시피 하는 것들도 있지만 내가 좋아서 샀으면서도 손이 가지 않는 것들이 있다. 책이라고 왜 그렇지 않겠는가.

책을 많이 읽는다고 소문난 사람들 중에서도 내가 가지고 있는 책을 모두 끝까지 다 읽었다는 사람은 한 사람도 없을 것이다. 내가 아는 한 교수도 "처음부터 끝까지 제대로 읽은 책은 지금까지 읽은 책의 5퍼센트에 불과할 것 같습니다"라는 말을 했다. 물론 그 5퍼센트가 일반적인 사람은 10년을 투자해도 다 읽지 못할 양이지만 말이다.

내가 심사숙고해서 고른 책이라고 해도 막상 읽어 보니 별로일 수 있다. 책 내용 자체가 깊이가 없고 배울 만한 점이 없어서인 경우도 있고, 저자의 생각을 이해할 수 없어서일 수도, 혹은 다른 책에서도 흔히 나오는 내용만 다루고 있어 굳이 시간을 들여 또 읽을 필요가 없다고 판단할 수도 있다. 이런 경우라면 미련 없이 책을 덮어라. 그리고 내 시간을 효율적으로 썼다고 느낄 수 있는 책을 찾아 독서를 이어 가는 게 훨씬 낫다. 지지부진한 책 읽기에 발목이 잡혀 이도저도 못하는 것보다는 말이다.

　나 역시 처음에는 이런 책들이 쌓이는 것이 큰 스트레스였다. 책을 끝까지 읽지 못하는 것이 마치 내가 제대로 책을 읽지 못한다는 증거인 것처럼 느껴져 좌절감에 빠지기도 했다. 하지만 모든 책을 끝까지 읽어야 한다는 생각을 내려놓자 오히려 독서가 부담 없이 다가왔다. 비록 어떤 책에서 얻은 것이 없더라도 그건 내 능력 탓이 아니라 나와 잘 맞지 않는 것뿐이다.

　그 뒤로 내가 끝까지 읽을 만한 책인지 아닌지를 빠르게 판단하고 내가 필요한 부분만 찾아 읽을 수 있는 노하우가 쌓이자 더 즐겁게 더 많은 책을 읽을 수 있게 되었다. 책에 담긴 모든 내용이 똑같은 비중으로 중요한 것은 아니다. 그렇기 때문에 핵심 부분을 재빠르게 파악해서 전체를 다 읽어 볼 만한 책인지 아닌지를 판단하고 필요한 부분, 중요한 부분을 집중적으로 읽는 영리한 독서를 하는 것이 스트레스를 덜 받으면서도 주어진 시간을 제대로 활용하는 방법이다.

도저히 끝까지 읽을 수 없는 책을 만났을 때 유용한 독서법 3

이탈리아의 경제학자 파레토는 부와 소득 관계를 연구한 끝에 이탈리아 전체 인구의 20퍼센트가 국가 전체 소득의 80퍼센트를 보유하고 있다는 '파레토의 법칙'을 발표했다. 그런데 이 법칙은 비단 경제학의 영역에서만이 아니라 사회 전반적인 분야에 모두 적용이 가능하다는 사실이 밝혀졌다. 예를 들어 20퍼센트의 고객이 백화점 전체 매출의 80퍼센트를 차지한다거나 20퍼센트의 운전자가 전체 교통신호 위반의 80퍼센트를 차지한다. 이렇게 사회에서 일어나는 현상의 80퍼센트가 20퍼센트의 원인으로 인해 발생한다는 이론이 '2080 법칙'이다.

내가 보기에는 책에도 이 법칙이 적용된다. 즉 책의 핵심은 전체 내용의 20퍼센트 정도이기 때문에 그 부분만 읽어도 나머지 80퍼센트의 내용을 읽은 것이나 다름없다. 만약 20퍼센트의 핵심을 파악한 뒤 내게 꼭 필요한 책, 처음부터 끝까지 세세하게 읽어 볼 만한 책이라는 확신이 생긴다면 그때 책 한 권을 정독해도 늦지 않다.

지금 소개하는 독서법은 책의 핵심을 빠르게 파악하는 데 유용한 독서법이다.

1. 취사선택 독서법

말 그대로 내가 필요한 부분만 뽑아서 집중적으로 읽는 독서법이다. 이 방법은 어떤 부분을 고를 것인지가 중요하다. 차례를 보고 필요한 부분만 찾아 읽어도 되고 책장을 빠르게 넘기면서 소제목 위주로 내용을 확인하다가 필요한 부분이 나타나면 꼼꼼하게 읽고 다시 필요 없는 부분이 나오면 넘어가는 식으로 읽어도 된다.

내 경우에는 다음 날까지 책 10권을 읽어야 하는 경우가 간혹 있다. 느닷없이 책을 참고 도서로 보내면서 그 내용을 바탕으로 강연을 해 달라는 의뢰도 적지 않다. 이럴 때는 우선 내가 필요한 부분을 찾아 펜이나 메모지로 체크를 하고 다시 처음으로 돌아와 그 부분을 좀 더 자세히 읽는다.

2. 역산 독서법

소설처럼 첫 장부터 차례대로 읽어야 하는 책이 아닌 경우에 유용한 독서법으로 순서를 바꿔서 결론부터 읽는 독서법이다. 목차를 보고 결론에 해당하는 부분, 가장 중요한 내용을 담고 있는 부분을 빠르게 찾아낸다. 가령 내 예상으로 3장이 결론에 해당한다면 3장으로 가 소제목을 훑어보고 3장을 꼼꼼히 읽는다. 말하자면 저자가 책으로 전달하려고 한 핵심을 먼저 읽고 독서의 목적을 분명히 달성하는 것이다.

대학 시절, 친구와 함께 노트에 따로 필기까지 해 가며 막스 베버의 『프로테스탄티즘의 윤리와 자본주의 정신』을 읽은 적이 있다. 상당히 두껍고 어려운 책이어서 한 줄 한 줄 차분히 해석해 가며 읽느라 시간도 오래 걸리고 무척 고생을 했다. 겨우 마지막 장에 다다랐는데, 저자인 막스 베버가 직접 지금까지의 내용을 정확하게 요약해 놓은 것을 발견했다. '처음부터 이렇게 훌륭한 요약 능력을 발휘하지 않고, 왜 마지막까지 세월아 네월아 이야기를 풀어낸 것일까!' 어안이 벙벙했다.

그래도 당시에는 막스 베버가 인내심을 갖고 끝까지 읽은 사람에게만 주는 선물이라며 선의로 해석했다. 하지만 시간이 지나 다시 생각해 보니 '처음부터 요약을 해 놨으면 더 좋았을 텐데' 하는 생각이 들었다. 요약된 글을 먼저 읽고 난 다음 전체를 읽었더라면 조금 더 효율적으로 정확하게 내용을 파악할 수 있었을 테니 말이다.

막스 베버처럼 친절한 저자들이 책에 직접 전체 내용을 정리하고 결론을 다시 한 번 짚어 주는 부분이 있는 경우가 꽤 많다. 이런 부분을 먼저 찾아 읽는다면 책 읽는 시간이 한결 절약될 것이다.

3. 2할 독서법

2할 독서법이란 말 그대로 전체 분량의 2할만 읽고 내용을 파악하는 독서법이다. 예컨대 책이 200쪽이라면 2할에 해당하는 40쪽 가량을 읽고 전체 개요를 파악하는 것이다. 5장으로 구성된 책이라면 대략 1장 정도를 읽는 셈이다. 그 정도는 누구나 30분에서 1시간 정도를 투자하면 읽을 수 있다.

사람 얼굴로 된 퍼즐을 5분의 1만 맞추어도 대충 누구인지 알 수 있는 것처럼 책의 2할 정도를 읽고 나면 책에서 말하고자 하는 바를 절반 이상 파악할 수 있을 것이다. 남은 부분을 읽지 않고 저자의 진정한 의도를 어떻게 알겠느냐고 생각할 수 있으나, 책 전체를 읽지 못하는 것보다는 낫다고 생각한다. 게다가 우리의 기억은 매우 한정적이라서 전체를 다 읽었다고 해도 시간이 지나면 기억에서 거의 사라진다. 그러니 좀 더 정확하게 오래 기억을 하기 위해 머릿속에 기억할 대상을 한정하는 것도 방법이다.

여기서 소개한 독서법은 아무 책에나 적용할 수 있는 것은 아니다. 보통 문학 작품에는 잘 맞지 않는다. 작가가 표현하고 싶은 바에 다가가지도 못할뿐더러 제대로 감상할 수도 없다. 전체를 읽을 필요가 없다고 판단되는 책, 정말 읽기 싫은 책을 아예 읽지 않는 것보다 최소한 책의 핵심은 알고 넘어가자는 의미에서 도움이 되는 독서법이다. 또한 주어진 시간 내에 많은 서류를 읽고 업무를 처리해야 하는 경우, 업무 때문에 특정 지식이나 정보를 찾아야 하는 경우처럼 목적이 뚜렷한 독서를 할 때 매우 유용하다.

전체를 읽는 독서가 아니기 때문에 읽을 부분을 선별하는 것이 이 독서법의 핵심이다. 무턱대고 아무 데나 읽으면 의미가 없다. 중요하다고 생각되는 부분, 저자가 책을 쓴 의도가 가장 정확하게 드러난 부분을 찾아 읽어야 한다. 그리고 그 부분만큼은 꼼꼼하게 정독하는 것이 좋다.

처음에는 중요한 부분을 선별해서 그 부분만 읽는다는 게 어색하기도 하고 이래도 되나 싶은 생각이 들 것이다. 물론 모든 책을 이렇게 읽어서는 독서의 의미가 없다. 책을 아예 안 읽는 것보다는 낫다는 취지에서 소개하는 방법이니 도저히 책을 끝까지 읽을 자신이 없다면, 시간이 부족하다면 자신에게 적절하게 적용해서 시도해 보길 바란다.

일주일에
10권 읽기
: 동시병행 독서법

책을 많이 읽는 방법은 아주 간단하다. 어디에 있든, 얼마나 시간이 나든 항상 책을 읽으면 된다. 나는 물론이고 내가 봐 온 '책 좀 읽는다' 하는 사람들 모두 책 읽는 습관이나 독서법은 제각각이지만 잠깐의 틈이나 장소를 가리지 않고 책을 읽는다는 사실 하나만큼은 모두 똑같다.

일주일에 책 10권 읽기가 가능할까?

책을 많이 읽고 싶은 사람들에게 추천하고 싶은 독서법 중에 하나가 바로 '동시병행 독서법'이다. 이 독서법은 말 그대로 여러 권의 책을 동시에 같이 읽는 독서법이다. 가령 5권을 읽는다면 시간과 장소에 따라, 기분에 따라 그때그때 바꿔 가며 읽는다. 소설을 1시간 읽고 경제서를 1시간 읽는 식으로 읽어도 좋고, 출퇴근 시간에 읽는 책과 회사에서 쉬는 시간에 읽는 책을 정해 놓고 읽어도 된다. 방법은 자신이 편한 대로 하면 되지만 어쨌든 핵심은 한 권을 모두 다 읽은 뒤에 다른 책을 읽는 것이 아니라 동시에 읽는 것이다.

나 역시 이런 식으로 화장실에서 읽는 책, 텔레비전을 보면서 읽는 책, 밥을 먹으면서 읽는 책 등등으로 책의 역할을 정하고 여러 권을 함께 읽고 있다. 물론 교단에 서거나 운동을 할 때는 예외지만 텔레비전을 보는 것 같은 수동적인 일을 할 때는 항상 책을 옆에 둔다. 텔레비전을 틀어 놓고 책을 읽다가 흥미로운 이야기가 들릴 때만 한 번씩 화면을 보는 식이다. 당연히 읽다 만 책이 거실, 화장실, 서재, 침실, 늘 메고 다니는 가방 안 할 것 없이 내가 생활하는 곳 여기저기에 널려 있다.

무조건 한 권을 다 읽어야만 다른 책으로 넘어가는 독서를 해 온 사람에게는 이 독서법이 매우 낯설게 느껴질 수 있다. 특히 내용이 다 뒤죽박죽 섞여서 헷갈리지는 않는지를 궁금해 하는 사람이 많은데, 책마다 주제가 다 다르거니와 내가 읽었던 분량에서 마지막 한 페이지를 다시 읽는 식으로 연결해 나가면 헷갈릴 일은 없다.

독서 흐름이 끊기게 두지 마라

책을 한 권 다 읽을 때까지 기다리다가는 독서의 흐름이 끊길 수 있다. 선로 1개에 열차 10대가 달리고 있다고 생각해 보자. 선두의 열차가 멈추면 다음 열차도 더 이상 달릴 수 없다. 그보다는 열차 10대가 다 달릴 수 있도록 선로를 만들어 주는 것이 좋을 것이다. 독서도 이와 같은 원리로 생각하면 된다. 모처럼 독서를 해야겠다고 마음먹고 책을 펼쳤는데, 생각보다 너무 어렵고 재미가 없어서 도저히 진도가 나가지 않을 때가 있다. 그럴 때 책 한 권만 붙잡고 시간을 보내면 백발백중 흐지부지되어 버린다.

이때 생각을 바꿔서 읽던 책을 내려놓고 다른 책을 집어 들어 읽는 것이 동시병행 독서법이다. 속도가 느린 열차라고 인정해 버리고 바로 다른 선로에서 열차를 출발시키는 것이다. 예를 들어, 괴테의 『파우스트』를 읽는데 도저히 무슨 말인지 이해가 되지 않는다면 괴테의 다른 소설이나 동시대를 무대로 한 좀 더 가벼운 소설을 읽으며 정신을 환기하고 호기심과 의욕을 되살릴 수 있다. 이렇게 접근하면 독서 자체를 포기하는 일도 줄어든다. 어찌 됐든 열차가 멈추는 일만 없게 하면 되는 것이다.

또는 전혀 상관없는 주제를 넘나드는 동안 지적 자극을 받을 수도 있다. 경제학과 소설 사이에서, 혹은 마케팅과 과학 사이에서 책을 읽으며 전혀 의외의 곳에서 내가 찾고 있던 아이디어를 얻는 경우가 바로 그렇다. 일단 이 독서법에 적응하면 책의 주제와 난이도에 따라 두뇌의 기어가 바뀌는 것처럼 바로 대응할 수 있어 매우 유용하다.

믿기 어려운 이야기일지도 모르겠지만, 요즘도 나는 동시병행 독서법으로 20권에서 30권 정도를 동시에 읽고 있다. 물론 모든 책을 처음부터 꼼꼼히 읽는 것은 아니고 책에 따라 발췌해서 읽기, 빠르게 훑으면서 읽기 등 목적에 맞게 다양한 방법을 활용하고 있기에 가능한 일이다. 그럼에도 그 많은 책을 함께 읽을 수 있는 것은 그만큼 언제 어디서든 책을 가지고 다니면서 수시로 펼쳐 읽는 노력 덕분이다.

내가 쓴 책 가운데 『논어: 현대어 역』은 그런 노력으로 출간할 수 있었던 책이다. 당시 나는 아무리 가방이 무거워도 『논어』를 가방에 넣고 다니면서 시간이 날 때마다 틈틈이 읽고 한 페이지씩 현대어로 옮겼다. 그 노트가 쌓여서 마침내 책까지 낼 수 있었던 것이다.

그러니 독서 선로에 항상 기차가 다닐 수 있게 하라. 설령 기차가 느려도 움직이고 있다면 어디에든 도착할 수 있다.

중간에
포기하지 않고
고전을 읽는법

책을 읽는다면 어떤 책을 읽을 것인가에 대한 가장 흔한 대답은 '고전을 읽어라'이다. 나 역시 독서의 꽃은 고전이라고 생각하고, 고전을 읽어야 한다는 생각에는 동의한다. 하지만 문제는 왜 고전을 읽어야 하는지에 대해서는 생각해 보지 않고 무조건 좋다니까, 남들이 다 읽으니까 읽는 경우다. 이러면 고전에 재미를 느끼기도 어렵고 내용을 파악하는 데 급급한 독서에 그치게 된다.

왜 고전을 읽어야 하는가

흔히 고전이라고 하면 몇천 년 전부터 전해 내려온 문학, 철학,

역사 등등의 작품이나 현대 문명의 밑바탕을 이룬 경제학, 물리학 등의 저서들을 말한다. 이런 책들은 세상에 발표된 지 오래되었고 그렇기 때문에 과거의 생각을 담은 책이 현대의 우리에게 무슨 가르침을 준다는 것인지 언뜻 수긍하기 어려운 면도 있다. 지금 이 순간에도 수많은 책들이 쏟아져 나오고 있고, 지금 유의미한 내용을 담고 있는데 언제 그 옛날 책들을 보겠느냐고 말하는 사람들도 있는 게 현실이다.

그러나 아주 오랜 시간 동안 사람들의 사랑을 받으며 살아남았다는 것은 그만큼 시간과 공간의 변화에도 변하지 않는 본질을 담고 있다는 것을 의미한다. 아무리 문명이 발전하고 사람들이 살아가는 모습이 급격히 달라졌다고 해도 변하지 않는 인간의 본성과 인간이기 때문에 필연적으로 경험할 수밖에 없는 삶의 요소들이 있다. 예를 들면 삶과 죽음, 사랑, 증오, 선과 악, 쾌락, 고통, 도덕, 공동체 등이 그렇다.

고전들은 이렇게 삶의 본질적인 요소들을 탐구하면서 그것들이 우리 삶에 어떻게 영향을 미치는지 돌아보도록 만든다. 또한 그전과는 완전히 다른 새로운 시대가 열릴 수 있도록 이끌었던 사상들을 통해 사람들의 생각이 어떻게 변화했고 그 결과 우리 삶이 어떻게 바뀌었는지까지 성찰할 수 있게 한다.

즉 어떤 환경과 조건 속에서도 간과하지 말아야 할 근본적인 문제들을 되짚어 보고 그 안에서 지금 우리에게 진정으로 의미 있는 깨달음과 창조적인 아이디어를 얻는 것이 우리가 고전을 읽는 이유다. 또한 시대나 사회제도가 바뀌어도 변하지 않는 보편적인 가치가 있다는 것을 깨닫게 되면 시시각각 변화하는 욕망과 온갖 정보에 휘둘리지 않고 정신적으로 안정을 찾을 수 있다.

기업의 CEO, 정치인들이 내 인생의 책으로 고전을 꼽는 것은 단지 멋있어 보이기 위해, 그럴듯해 보이기 위함이 아니다. 중요한 결정을 해야 하는 자리에 있기 때문에 고전처럼 시대를 초월한 진리를 담고 있는 책들을 통해 중심을 잃지 않고 객관적인 결정을 하기 위해서다. 뿐만 아니라 거시적인 시각으로 인간과 사회의 틀을 짚어 주어 커다란 조직을 이끌 수 있는 비전을 제시할 수 있도록 도와준다.

마이크로소프트를 설립한 빌 게이츠가 시장 독점 문제로 소송 시비에 휘말리며 위기에 부딪혔을 때 『손자병법』에서 지혜를 얻었다거나 일본 근대 자본주의의 기반을 닦은 기업가로 존경받는 시부사와 에이치가 『논어』를 곁에 두고 반복해서 읽으며 경영과 삶의 이정표로 삼았다는 이야기를 들어 본 적이 있을 것이다. 이들에게 고전은 현재 나에게 의미 있는 깨달음을 주는 믿음직스러운 선생이었다.

이런 고전의 의미와 가치를 먼저 따져 보지 않고 무작정 읽을 경우에는 단지 고전 안에 담긴 내용이 어떤 것인지만 파악하느라 급급하게 된다. 예를 들어 플라톤의 『국가』를 읽는다고 하자. 이 책에서 다루는 이상적인 국가상이나 정의와 같은 개념들은 다소 추상적이기 때문에 독자로서는 책의 내용을 따라가기도 버겁다. 내가 이 책의 내용을 얼마나 이해했는가에만 집중하게 된다는 것이다. 이렇게 되면 '도대체 왜 이 책을 읽어야 하지?'라는 질문에는 전혀 답을 할 수 없게 된다. 『국가』는 개인이 더 나은 삶을 살기 위해서 개인은 물론 사회가 어떤 모습을 띠고 있어야 하는가에 대한 논의를 다루고 있다. 제대로 된 독서라면 이 주제를 지금 내 삶에 연결 지어 생각해 보아야 한다.

고전을 어떻게 읽을 것인가

고전을 읽기로 결심했더라도 생각만큼 잘 되지 않을 것이다. 내가 가르치는 많은 제자들이 그랬고, 나 역시 고전 때문에 호되게 고생했다. 고전을 읽고 싶지만 너무 어렵고 재미가 없다면 쉽게 시작해서 여러 번 읽겠다는 마음가짐으로 시작해 보는 건 어떨까.

1. 이해할 수 있도록 도와주는 책들을 먼저 읽어라

고전이 어려운 것은 책에 대해 알고 있는 것이 없기 때문이다. 이 책이 어떤 맥락에서 쓰였는지, 어떤 점 때문에 고전으로 인정받고 있는지, 이 책이 사회에 미친 영향은 무엇인지 등등을 미리 알고 있으면 무작정 책에 뛰어들어 뜬구름 잡는 식으로 헤매는 시간을 줄일 수 있다. 새 학기에 첫 수업에서 어떤 책을 읽으며 어떤 공부를 할 것인지 사전 안내를 해 주는 것처럼 고전을 읽기 전에도 오리엔테이션이 필요하다. 고전을 풀어 주고 해설해 주는 책 혹은 저자에 대해 설명하는 책이 이런 역할을 해 줄 것이다.

예를 들어 나는 니체의 『차라투스트라는 이렇게 말했다』를 읽기 전에 도쿄대 교수 데즈카 도미오가 번역한 『차라투스트라』를 먼저 읽었다. 『차라투스트라는 이렇게 말했다』는 상당히 어려운 책이라 내용과 의미를 설명해 주는 책들이 많이 나와 있는데 그중에서 데즈카 도미오의 책은 각 장의 첫머리에 이해하기 쉽게 내용이 정리되어 있고 주석이 충실해 독서에 큰 도움이 되었다.

그때 든 생각이 바로 아마추어가 무작정 천 길 낭떠러지에서 암벽등반에 도전해서는 안 된다는 것이었다. 자기만의 방식으로 읽는 것도 중요하지만 지나치게 어려운 책은 읽는 것조차 할 수가 없다. 도저히 소화할 수 없는 책을 붙들고 끙끙대다가 아예 그 책을 읽지 못하게 된다면 더 아까운 일이라고 생각한다. 먼저 어떤 길로 가야 정상에 쉽고 빠르게 도착할 수 있는지 알려 주는 책을 읽고 여러 가지 등산로를 탐색하며 읽는 것도 좋은 방법이다.

2. 번역과 해설의 수준이 맞는지 확인하라

일단 번역을 거쳐야만 읽을 수 있는 세계 고전들은 번역이 좋지 않아 독서를 방해하는 경우도 많다. 현대적인 감각을 잃지 않으면서도 문장이 명료하고 깔끔해 쉽게 이해할 수 있도록 내용을 전달하는 번역을 한다는 것이 보통 쉬운 일이 아니기 때문이다.

그렇지만 책 내용도 잘 모르는 평범한 독자가 미묘한 번역의 문제까지 알아차리기란 쉽지 않다. 그 고전에 대해 오래 공부한 사람이 번역이 잘 된 책을 추천해 주면 가장 좋겠지만 현실적으로 어려운 일이다. 그래서 나의 경우에는 먼저 신문이나 독자들의 서평을 체크해 본다. 나보다 눈이 밝은 사람들이 번역이 잘

된 책이나 심각한 오역이 발견된 책에 대해서 의견을 남겨 두기 때문에 책을 고르기 전에 참고할 만하다.

그리고 서점에 가서 출판사별로 2~3권 번역본을 추린 뒤 앞부분을 비교해 가며 읽어 본다. 놀랍게도 분명 같은 책을 번역했는데 번역에 따라 천차만별, 다른 책처럼 느껴진다. 조금 읽다 보면 어떤 번역이 더 마음에 드는지 판단이 들 것이다. 처음에는 다 비슷비슷해 보일 수 있다. 그렇지만 경험이 쌓이면 '나에게는 딱 맞는 번역이다'라는 확신을 주는 책을 만나는 기쁨을 맛보게 될 것이다. 그 책을 읽는 시간이 더 즐거울 것이라는 것은 말할 필요도 없다.

3. 반복해서 읽어라

고전은 독자가 어떻게 해석을 하느냐에 따라 혹은 어떤 상황에 처해 있느냐에 따라 다양하게 읽힐 수 있다. 삶의 본질적인 요소에 대해 묻고 있지만 거기에 대해 한 가지 확실한 답을 담고 있는 것은 아니기 때문이다. 단지 우리가 당연하다고 생각하는 것들에 대해 질문을 던지고 어떻게 생각할 것인지를 스스로 고민하게 만들어 준다.

게다가 그 양과 깊이가 방대하기 때문에 단 한 번의 독서로 책에 담긴 모든 뜻을 이해하는 것은 불가능하다. 이해를 도와주는 책들로 전체적인 내용을 파악했다면 꼼꼼히 여러 번 반복해서 읽으면서 뜻을 음미해 보아야 한다. 내가 스무 살이냐, 마흔 살이냐에 따라 새롭게 다른 면이 보이는 게 고전의 매력이다.

만약 시간이 너무 부족해서 많은 책을 읽을 수 없는 사람이라면 고전 한 권을 반복해서 읽는 것도 좋은 방법이다. 깊이가 얕고 감각적인 자극만 추구하는 책 100권을 읽느니 한 권의 고전을 여러 번 읽어라. 변하지 않는 보편적인 진리를 담고 있기 때문에 처음에는 시간이 조금 걸리겠지만 10년, 20년을 넘어 죽을 때까지 지혜로운 삶을 살 수 있도록 도와줄 것이다.

음독은
10번 읽은
효과를 발휘한다

나는 책을 소리 내 읽는 습관이 있다. 요즘 대부분의 사람들은 눈으로만 읽는 묵독(默讀)에 익숙하기 때문에 소리 내서 책을 읽는 것을 매우 어색하게 느낀다. 나 역시 처음부터 음독에 익숙했던 것은 아니다. 처음에는 유난히 책에 집중하기 힘들고 글자가 눈에 들어오지 않는 날 정신을 맑게 하기 위해 소리 내서 책을 읽었다. 그런데 소리 내 읽다 보니 의외로 책에 집중하게 되고 문장을 곱씹게 되는 색다른 재미가 느껴졌다.

한번은 이런 적도 있다. 어느 날 잠들기 전에 영어로 된 소설을 읽고 있었는데, 피곤했던 탓인지 글자가 뇌를 잠시 스쳐 지나가는 것 같은 기분이 들었다. 그래서 2페이지 정도를 소리 내 읽고 잠들었다. 그런데 신기하게도 그날 밤 영어로 대화를 하는 꿈을 꿨다. 내가 영어를 잘하는 것도 아니고, 평소에 영어로 대화할 일이 많아 스트레스를 받는 것도 아닌데 말이다. 소리 내 책을 읽는 것이 알게 모르게 우리 머릿속에 들어와 짙은 잔상을 남긴다는 것을 깨달은 순간이었다.

음독하면 평생 지식이 된다

묵독은 동서양을 막론하고 18세기에 들어서야 일반화된 상당히 근대적인 독서법이다. 중세 유럽에서 책을 읽는다는 것은 곧 음독을 의미했고, 혼자 묵독을 하는 것은 독자적으로 내용을 해석할 수 있기 때문에 매우 위험한 행동으로 여겨졌다. 일본 역시에도 시대까지만 해도 음독이 대표적인 학습법이었다. 서당에서 선생님이 '내 나이 15세에 학문에 뜻을 세웠다' 하고 소리 내 읽으면, 아이들도 '내 나이 15세에……'라고 똑같이 따라 읽는다. 중국, 한국도 마찬가지다. 지금처럼 모든 사람이 도서관에 앉아 조용히 책을 읽는다는 것은 상상할 수도 없는 일이었다.

그렇지만 소리 내어 책을 읽으면 묵독에서 얻을 수 없는 여러 효과를 얻을 수 있다. 첫 번째로 오래 기억에 남는다. 눈으로 보고 입으로 소리 내어 읽으며 다시 자신의 귀로 듣는 과정 속에서 여러 개의 감각이 동시에 활성화되어 인간의 뇌를 자극한다. 실제로 음독을 할 때 뇌를 관찰한 실험 결과에 따르면 전두엽이 눈에 띄게 활성화되며 음독 후 기억력이 묵독에 비해 20퍼센트 더 높은 것으로 나타난다고 한다. 즉 음독을 하면 주의력이 높아져 집중하기가 훨씬 쉽고 흘려버릴 수 있는 문장도 오래 기억하게 된다. 소리로 습득한 지식은 몸과 머릿속에 스며들어서 언제라도 꺼내 쓸 수 있도록 서랍에 넣어 둔 것과 비슷하다.

또한 읽기 능력도 함께 향상된다. 예컨대 영어로 된 문장을 읽어 보면 이 말의 의미가 쉽게 이해가 갈 것이다. 발음이 얼마나 좋은가의 문제는 차치하고 문장을 어디서 쉬면서 끊어 읽는지, 억양은 어떤지만 들어 봐도 그 사람이 의미를 알고 이해하며 읽고 있는지, 글자를 읽는 것에만 급급한지 금방 알 수 있다. 일본어도 마찬가지다. 내용을 이해하며 읽는 사람의 음독과 그렇지 않은 사람의 음독은 분명한 차이가 있다. 그래서 선생님이 읽는 것을 따라 읽는 것만으로도 의미를 단위별로 바르게 이해하는 법을 배울 수 있다. 굳이 의미를 설명하거나 묻지 않아도 반복해서 읽음으로써 스스로 문장의 의미를 깨치게 된다.

초등학생들과 나쓰메 소세키의 『도련님』을 처음부터 끝까지 음독으로 읽는 음독 마라톤을 한 적이 있다. 책 읽기에 익숙하지 않은 아이들에게 책을 소리 내 읽는 재미와 끝까지 읽는 성취감을 느끼게 해 주고 싶었다. 6시간 남짓 걸렸을 정도로 상당한 시간과 체력을 요하는 일이었다. 처음에는 마지못해 따라 읽던 아이들이 절반 정도 지나자 자기들끼리 술술 읽기 시작했다. 마침내 음독이 끝나자 '해냈다!'는 환호성이 터져 나왔다. 시작하기 전에는 왜 이렇게 힘들게 읽어야 하냐며 불평했던 아이들도 눈을 빛내며 활기를 내뿜었다.

그런데 내가 의도하지 않았던 결과가 나타났다. 내가 시험 삼아 던진 '도련님은 무슨 과목 선생님이었을까?', '하숙집 주인은 그때 뭘 한 것일까?' 하는 시시콜콜한 질문부터 '빨간 셔츠는 왜 그런 일을 한 것일까?' 하는 깊이 있는 질문에도 모두 손을 들고 대답했다. 그저 기계적으로 따라 읽는 것처럼 보였는데도 소리 내 읽는 동안 책의 내용을 정확히 이해하고 저자의 의도까지 유추하는 독서를 한 것이다. 새삼 음독의 효과를 절감한 경험이었다.

고전일수록 음독하면 맛이 살아난다

무엇보다 고전을 읽고 싶다면 음독은 아주 좋은 독서법 중에 하나다. 고대·중세 시대는 음독이 생활화되어 있던 시대라서 소리 내 읽으면 묵독에서는 느낄 수 없었던 생동감이 느껴진다. 일본의 옛글이라면 어떤 것이라도 말의 힘을 경험할 수 있을 테고, 외국 책이라면 원문을 읽는 것이 가장 좋겠지만 부담스럽다면 번역을 읽고 원문을 읽는 식으로 번갈아 읽으면 좋다.

나도 대학에서 강의를 할 때 고전을 소리 내 읽는 시간을 반드시 넣는다. 셰익스피어의 『맥베스』나 『햄릿』 같은 작품은 그 자체가 희곡이라 소리 내 읽으면 재미도 있고, 왜 셰익스피어가 명문장가라고 칭송받았는지를 피부로 느낄 수 있다. 시간 제약이 있어 한 권을 모두 읽을 순 없지만 일부분이라도 소리 내어 읽으면 학생들의 반응이 다르다. 셰익스피어의 위대함을 깨달았다는 감상부터 그냥 읽을 때보다 더욱 마음에 와닿고 기억에 남았다고 말하는 학생들도 있다.

이렇게 일부분만 음독을 할 경우에는 아무 데나 무작위로 뽑는 것보다는 기왕이면 가장 중요한 부분 혹은 절정에 해당하는 부분을 뽑아 읽는 것이 좋다. 책을 훤히 들여다볼 수 있는 '창(窓)'의 역할을 할 수 있도록 말이다.

여기서 더 나아가 여러 번 반복해서 읽으면서 그 책에서 가장 좋았던 문장을 한두 개 외울 수 있다면 더욱 좋다. 토씨 하나라도 틀리지 않게 외우라는 것은 아니다. 대강의 뜻만 통할 수 있도록 외운다면 그 문장은 평생 내 자산이 되어 나의 말과 글에 큰 힘이 되어 줄 것이다.

소리 내 책을 읽으면 묵독으로 읽었을 때는 몰랐던 새로운 면이 보인다. 좋은 책일수록 그 감동은 더 크다. 아름답고 좋은 문장, 저자의 생각이 응축된 문장은 소리 내 읽을수록 빛을 발하기 때문이다. 책 한 권을 충분히 음미하고 싶다면 우리 선조들이 그랬던 것처럼 큰 목소리로 읽어 보자. 책의 매력에 푹 빠지게 될 것이다.

최소한의 분량으로
최대한의 효과를 내는
독서 노트

중국의 정치가 마오쩌둥은 "붓을 움직이지 않는 독서는 독서가 아니다"라는 말을 남겼다. 그래서인지 그의 독서법은 여러 번 반복해서 읽고 직접 써서 정리하는 것으로 유명하다. 즉 책을 읽는 동안에는 중요한 부분에 체크를 하거나 의문이 가는 부분에 반론을 적어 놓는 식으로 메모를 하고, 다 읽은 후에는 요점을 정리하면서 중요한 문장을 베껴 쓰고 자신의 생각을 함께 정리하는 식으로 다시 한 번 정리했다. 내용 정리, 의문 제기, 내 의견 정리 이렇게 3단계를 거쳐 가면서 책을 심도 있게 읽기 위해 노력했다. 마치 책과 대화하는 것처럼 느껴지는 능동적인 독서법이다.

'독서 감상문'이라는 숙제에 괴로워했던 경험이 있어서인지 책을 읽고 정리를 해 보라고 하면 부담스러워하는 사람들이 많다. 그렇지만 학교에서 억지로 책을 읽고 꾸역꾸역 긴 감상문을 쓰게 한 게 문제지 책을 읽은 뒤에 나름대로 정리하는 것만큼 중요한 단계도 없다. 마지막 페이지를 읽은 것으로 독서를 끝내 버리면 기억에 오래 남기기도 어렵고, 독서를 하면서 어떤 생각을 했는지 정리하는 단계를 놓치게 된다.

글을 쓴다는 것은 책을 통해 얻은 지식과 내 나름의 결론을 하나의 일관된 주제로 엮기 위해 이런저런 생각을 하고, 그 생각들을 정확하게 표현하기 위해 세심하게 단어를 고르고 문장을 구성하는 매우 심도 깊은 사고 과정이다. 그래서 책을 읽은 뒤에 내 생각과 문장으로 정리를 하는 것과 그렇지 않은 것의 차이는 굉장히 크다.

어느 정도 분량을 채워야 한다는 압박감만 버린다면 '재미있다'라는 식의 단편적인 인상만으로 책을 기억하지 않고 독서를 좀 더 풍성하게 만들 수 있다. 그러니 책을 읽고 난 뒤에 아주 짧은 한두 줄로라도 기록하는 습관을 들여 보길 바란다.

만약 당신이 글을 쓰는 것에 전혀 부담을 느끼지 않는 운 좋은 사람이라면 필요 없겠지만 여기에서는 적은 분량으로 부담 없이 시작해 볼 수 있는 메모법을 소개한다.

1. 인용구 베스트 3 노트: 핵심을 내 것으로 만드는 기록법

책을 읽는 동안 제일 좋았던 문장을 3개 뽑아 정리한 것이 '인용구 베스트 3 노트'이다. 여기서 포인트는 좋은 부분을 적어 두고 왜 그 부분이 좋았는지 혹은 어떤 점을 느꼈는지를 함께 적는 것이다. 이렇게 해야 독서로 얻은 지식을 자신과 연결해서 생각하는 훈련을 할 수 있고, 온전히 자기 것으로 만들 수 있다.

이 책은 어떤 내용이었다는 사실만 적으면 기억에서 쉽게 사라질 뿐만 아니라 책을 통해 삶을 되돌아보는 과정을 빠트리기가 쉽다. 그렇지만 나와 연결시킬 때 책은 생동감을 가지고 내 안에서 살아 숨 쉬게 된다.

보통 대학에서 에세이를 써 오라고 하면 학생들이 가장 많이 하는 실수가 바로 자기 생각이 없이 책만 잔뜩 읽고 요약 정리하는 것이다. 참고하는 책이나 논문은 분명 훌륭하지만, 그것을 단지 요약하는 것만으로는 책을 읽는 의미도 없고 공부도 되지 않는다. 박사 논문 수준의 주장을 펼치라는 말이 아니다. 어떤 점에서 이 내용이 중요하고 의미가 있는지 자신의 생각을 쓰고 답이 있든 없든 질문을 던지며 생각을 발전시키는 과정을 기술하는 것이 책을 읽고 에세이를 쓰는 이유이자 공부하는 과정이다.

그래서 에세이를 제대로 써 오지 못하고 헤매는 학생들에게는 참고 문헌을 몇 권 읽었다면 인상적인 부분을 3개 정도 뽑고 거기에 얽힌 경험이나 생각, 의문점 등을 하나의 주제로 정리해 보라고 지도한다. 그러면 무미건조하게 내용 요약만 하던 학생도 읽는 재미와 주제가 있고, 공부가 되는 에세이를 쓰게 된다.

많은 사람들에게 좋은 책이라고 인정받는 책이라면 그 안에는 분명 사람의 가슴을 울리는 감동과 삶에 대한 통찰이 담겨 있기 마련이다. 그것을 찾아 내 것으로 만들 수 있다면 그 자체가 공부가 될 뿐 아니라 누군가와 대화를 할 때도, 일을 할 때도 유용하게 사용할 수 있다.

설령 책 내용이 다소 빈약하거나 실망스러울 때도 가슴에 와 닿는 문장이 있다면 그것도 나름대로 의미 있는 독서다. 무조건 시간 낭비였다고 생각하지 말고 왜 그 문장에서 강한 인상을 받은 것 같은지, 그것을 통해 어떤 생각을 했는지 다시 한 번 생각해 보길 바란다.

2. **도서 10자평 노트: 간결하지만 핵심을 찌르는 정리법**

솔직히 책을 많이 읽다 보면 읽은 사실 자체가 헷갈리게 되는 경우도 있고, 좋은 책이었지만 '이건 정말 최고의 책이다'라는 강렬한 느낌을 준 게 아니라면 어땠는지 전혀 기억이 나지 않을 때도 있다. 사람의 기억이 한정적이기 때문에 벌어지는 현상이니 어쩔 수 없지만 아주 간단하게라도 책 정보와 2~3줄의 간단한 메모를 곁들이는 방식으로 정리를 하면 좋다. 지금 내 홈페이지에 공개해 둔 일부를 소개하겠다.

① 『산다는 것의 의미』, 고사명, 지쿠마문고(양철북, 2007-옮긴이 주)
  • 서른이 넘어 읽고, 감동의 눈물을 흘렸다.

② 『슬픈 미나마타』, 이시무레 미치코, 고단샤문고(달팽이, 2007-옮긴이 주)
  • 가슴을 울리는 문장력. 미나마타병의 기록에만 그쳤다면 범작이었겠지만 삶을 살아가는 사람들의 모습을 그려 수작이 된, 반드시 읽어야 할 책.

③ 『도큐먼트 인간』, 가마타 사토시, 지쿠마문고
  • 사회적 약자이지만 자기 나름의 방식으로 배우고, 저항하고, 표출하는 사람들의 기록. 저자가 삶을 대하는 태도에 매료되었다. 저자의 자전적 작품인 『내가 세상에서 배운 것』(이와나미현대문고)도 감동적.

④ 『어느 메이지인의 기록—아이즈인 시바 고로의 유서』, 이시미쓰 마히

토, 추코신서

• 이 책에 담긴 놀라운 사실에 입이 다물어지지 않을 정도. 무사의 기개가 느껴졌다. 소리 내 읽으면 더 좋은 책.

⑤ 『딥스』, 버지니아 M. 액슬린, 니혼에디터스쿨(샘터사, 2011-옮긴이 주)

• 아이가 자라면 부모도 자란다. 유아교육계의 고전이 될 만하다.

⑥ 『밤과 안개』, 빅터 프랭클, 미스즈쇼보(종합출판범우, 2008-옮긴이 주)

• 유대인 강제수용소에서 살아남은 한 심리학자의 감동적 체험 기록. 현대사의 생생한 단면에 할 말을 잃었다. 삶에 대한 의지와 희망은 어떻게 인간을 구원하는가에 대한 답.

보이는 대로 매우 간단한 기록이다. 책 제목, 저자명, 출판사명 등을 간단하게 적고 짧게 평을 쓴 게 끝이다. 여기서 포인트는 영화 평론가들이 별점과 함께 10자평을 쓰는 것처럼 간결하게 쓰되 책의 주제와 감상을 핵심만 적는 것이다. 마치 다른 사람에게 소개하는 느낌으로 적기 때문에 부담도 없고, 어떻게 하면 촌철살인의 한마디로 정리할 수 있을지 고민하는 재미가 쏠쏠하다.

요즘은 블로그를 활용하는 경우도 많으니 인터넷상에 기록하는 것도 좋은 방법이다. 올해 50권의 책을 읽겠다는 결심을 했다면 '2015년 독서 노트'라는 제목의 글을 쓰고 책을 읽은 뒤 바로 업데이트하는 식으로 활용하면 동기부여도 되고 저절로 목록 관리가 되니 일석이조다.

여기까지 읽었다면 눈치챘겠지만 도서 10자평 노트는 인용구 베스트 3 노트보다는 굉장히 간소화된 것으로 자신의 도서 목록을 한눈에 확인할 수 있는 장점이 있다. 어느 쪽이든 각각의 장단점이 있기 때문에 자신의 성향과 조건에 맞춘 방식을 찾아 기록해 나가면 된다. 좀 더 부지런한 사람이라면 두 방법을 하나로 합칠 수도 있고, 처음부터 인용구를 뽑아 내 생각까지 적는 게 부담스럽다면 도서 목록을 만드는 것부터 시작해도 좋다. 기록을 하다 보면 자기에게 더 맞는 방법을 찾게 될 것이다.

더 깊은 통찰을 얻게 하는
질문 독서

독서 초보자들의 경우 책 한 권을 다 읽는 것도 부담스러워 하기 때문에 대개 소설이나 자기계발서처럼 읽기 쉬운 책으로 독서에 발을 들여놓는다. 그런데 차차 책에 대한 막연한 두려움이 사라지고 독서의 즐거움을 알게 되면 자연스럽게 자신의 욕구가 바뀌는 것을 느낀다. 바로 '더 깊이 있게 읽고 싶다'는 목마름을 느끼는 것이다. 가볍고 편안한 책보다는 어렵게 느껴지지만 곱씹어 보는 즐거움이 있는 책을 찾아 마음과 머리가 묵직하게 흔들리는 것 같은 독서, 내가 지적으로 성장하고 있다는 것을 실감할 수 있는 독서를 하고 싶다고 생각한다.

이런 변화를 아직 경험해 보지 못한 사람들에게는 믿기지 않는 말일 수도 있겠다. 그렇지만 자기 수준에 딱 맞는 독서만 하게 되면 어느 순간 지루함과 한계를 느끼게 된다. 그리고 독서가 그 단계에만 머물고 발전을 못하면 여가 시간을 즐겁게 보내기 위한 취미에 그치고 만다.

그렇다면 같은 책을 읽더라도 더 깊게 읽고 사유의 폭을 넓힐 수 있는 방법은 무엇이 있을까? 내가 책을 읽을 때 반드시 지키려고 하는 원칙은 바로 '질문하고 비판하라'다.

질문을 던지는 만큼 독서는 깊어진다

대부분의 독자는 책과 저자에 대해 강력한 경외심을 가지고 있다. 이 정도 책을 쓴 사람이라면 정말 대단한 사람이라고 생각하며, 책에는 틀린 말이 없다고 생각한다. 물론 한 권의 책을 쓸 수 있다는 것은 그만큼 그 주제에 대한 깊은 지식과 통찰력을 가지고 있다는 말일 테다. 독자의 입장에서 배울 만한 것이 있겠지만 그게 책에 담긴 모든 내용이 완벽하게 옳다는 것을 의미하지는 않는다. 그럼에도 독자는 자신보다 뛰어난 저자의 말 앞에서 어쩔 수 없이 주눅이 들고, 무조건 고개를 끄떡이게 된다.

그러나 이런 생각에서 벗어나지 못할 경우 깊이 있는 독서는 힘들어진다. 책을 읽을 때는 물론이고 책을 읽은 후에도 이런저런 질문을 던지면서 내용을 충분히 곱씹어 생각해 봐야 의미가 있다.

이 과정이 있는 독서와 없는 독서의 차이는 학생들의 독서 토론을 관찰해 보면 아주 쉽게 알 수 있다. 예를 들어 미시마 유키오의 『금각사』를 읽고 조를 짜서 토론을 해 보라고 하면 5분도 지나지 않아 "이 주인공은 좀 이상한 녀석이다"라는 식의 이야기만 나누다 더 이상 토론이 이어지지 않는 조가 있는 반면, "친구인 쓰루카와의 자살은 주인공의 심리에 어떤 영향을 주었나"와 같은 질문에서부터 "여기에 숨겨진 복선을 보면 결국 작가가 하려던 말은 이런 것이다"라는 심도 깊은 이야기까지 나누느라 시간이 모자른 조가 있다. 이것이 저자의 의도와 책에 담긴 의미를 끊임없이 묻고, 과연 논리적으로 타당한지 점검하면서 책을 읽었는지의 차이다.

이런 독서법을 흔히 '비판적 독서'라고 하는데 추상적인 표현이라서 그런지 어렵게 생각하는 사람이 굉장히 많다. 지금 당장 저자의 논리를 검증하고 그에 필적하는 대단한 의견을 정리하라는 것이 아니다. 예를 들어 다음과 같은 질문을 던져 보면서 다시 한 번 내용을 정리해 보라는 것이다.

– 저자가 잘 모르는 부분이 어디인가?

– 저자가 잘못 알고 있는 부분, 틀린 부분은 무엇인가?

– 저자가 주장하는 논리에 오류는 없는가?

– 저자의 생각에 동의하는 점, 동의할 수 없는 점이 있다면 무엇인가?

– 저자와 내 생각이 다르다면 어떻게 다른가?

– 이 책으로 인해 내 생각이 달라졌다면 어디가 어떻게 달라졌는가?

– 다른 책에서는 동일한 주제에 대해 어떻게 다루고 있는가?

이렇게 책에 담긴 내용과 내 생각을 점검하고 따져 봐야 편협해지는 오류에 빠지지 않을 수 있다. 간혹 어떤 저자의 책을 지나치게 맹신하거나 자기의 생각을 뒷받침해 줄 수 있는 책만 골라 읽는 사람들이 있다. 이런 독서는 안 하느니만 못한 위험한 독서다. 사유의 폭을 넓히는 것이 아니라 스스로 성을 쌓아 그 안에 갇히는 꼴이니 말이다.

책을 오래 기억하고 싶다면 옮겨 적어라

아주 간단한 작업에도 컴퓨터를 이용하는 시대라서 이제 손으로 직접 무언가를 쓰는 일이 거의 없어졌다. 다이어리도 휴대폰에

설치되어 있는 플래너로 대신할 수 있고, 편지도 메일로 보내고 책도 전자책으로 읽을 수 있으니 말이다.

심지어 손으로 일일이 자판을 쳐서 문서를 작성하는 일도 줄어들었다. 키보드의 복사, 붙여 넣기로 모든 것을 쉽게 편집할 수 있게 되었기 때문이다. 무척 편리한 기능임에는 틀림없지만 안 그래도 인터넷과 파일로 떠돌아다니는 정보를 이어 붙이는 것이기 때문에 절대 머리에 남지 않는다. 내 지식으로 쌓이지도 않고, 내가 작성한 글인데도 기억이 잘 나지 않는 경우가 많다.

책의 내용을 곱씹으면서 오래 기억하고 싶다면 직접 옮겨 적는 것도 좋은 방법이다. 굳이 시간과 노력을 들여 책을 필사하라고 말하는 것은 필사만큼 책을 꼼꼼하고 자세하게 읽는 방법도 없기 때문이다. 눈으로 한 번 읽고 손으로 다시 옮겨 쓰면서 문장 하나하나 꼭꼭 씹어 먹으며 음미할 수 있다는 점에서 필사는 정독의 진수라 할 수 있다.

문장이 아름다운 책, 위대한 저자의 사상이 집약된 책을 골라 하루에 한 페이지씩 옮겨 써 보라. 처음에는 기계적으로 베껴 쓰고 있다는 생각이 들지 몰라도 눈으로 후루룩 읽고 지나갔던 문장들이 다시 보이고 이해가 되지 않았던 모호한 문장들도 어렴풋이 뜻이 통하기 시작한다. 나보다 더 깊은 사유를 한 사람의 생각을 따라가면서 사고방식을 배울 수 있고, 내가 습관적으로 사용하는 한정적인 어휘를 풍부하게 만들 수 있다.

  책을 깊게 읽는다는 것은 책을 적극적으로 읽는다는 말과 통한다. 내용을 파악하기 위해 읽는 것이 아니라 질문하고, 옮겨 적고, 다시 읽고, 곱씹으면서 읽는 것이니 말이다. 책의 권위에 압도당하지 말고 적극적으로 책을 읽는다면 어느 순간 책의 한 부분이 내면으로 들어와 있음을 알게 될 것이다. 그 기쁨을 꼭 느껴 보길 바란다.

혼자 읽지 말고
함께 읽어라

9

내가 읽은 책에 대해 친구와 이야기를 나누어 본 적이 있는가?

이 질문에 대해 바로 "그렇다"라고 자신 있게 이야기할 수 있는 사람은 많지 않을 것이다. 대부분의 사람들이 고개를 갸우뚱하며 한참 기억을 더듬는다. 친구와 수다를 떨든, 업무로 인해 만난 사람과 가볍게 잡담을 나누든 누군가와 대화를 할 때 영화나 드라마는 좋은 이야깃거리다. 그런데 책이 대화의 중심이 되는 경우는 별로 없다.

왜 그럴까? 책 이야기를 하면 '나는 똑똑하고 책 많이 읽는 사람'이라는 잘난 척으로 받아들이고 유별나게 보는 시선도 이유가 되겠지만 근본적으로는 대부분의 사람들이 책을 읽지 않기 때문이라고 생각한다. 책 이야기를 하려고 해도 아는 것도 없고 상대방 역시 마찬가지니 책 자체가 편안한 이야깃거리가 될 수 없는 것이다.

이런 분위기야말로 독서와 더 멀어지게 만들 뿐이라고 생각한다. 누구나 책을 즐겨 읽고 책이 자주 대화의 소재로 오르내릴 때 더 많은 사람들이 독서에 대한 부담감을 버리고 즐겁게 책을 읽을 수 있다. 무엇보다도 내 옆에 있는 사람에게서 받는 동기부여가 가장 강력하고 효과적이다.

독서가 좁은 의미에서 저자와 독자의 소통이라면 독자와 독자가 만나 각자의 독서 경험을 공유하는 것 역시 넓은 의미의 독서라고 해도 무방하다. 책을 더 넓고 깊게 읽을 수 있을 뿐 아니라 의미 없는 수다만으로 이어 가는 인간관계를 성장을 위한 동반자적 관계로 만들 수 있다. 책이 중심인 대화, 독서로 이어진 인간관계를 통해 책 읽는 삶을 만들어 가고 싶은 사람들을 위한 조언은 다음과 같다.

독서 친구를 만들어라

만약 당신이 책 읽는 삶을 살기로 마음먹었다면 그 누구보다 당신의 독서 생활을 지지해 주고 같이 책 이야기를 나눌 수 있는 친구가 한 명쯤은 있어야 한다. 직접 만나서 이야기를 해도 좋고, 인터넷으로 교류하는 사람이어도 좋다. 물론 자신만의 독서 노트를 만드는 것으로 충분할 수 있다. 하지만 사람은 다른 이들과 관계를 맺고 그 속에서 살아가기 때문에 내 경험을 다른 사람과 나누고 공감할 수 있다는 것은 그 이상의 의미를 갖는다. 내가 어떤 책을 어떻게 읽었는지, 나에게 어떤 감동과 교훈을 주었는지 함께 공유할 사람이 있다는 것만으로도 독서는 한층 즐거워질 수 있다.

대학 시절 나도 그런 독서 친구가 있었다. 친구 셋이 같은 책을 읽고 만나서 술잔을 기울이며 밤새 이야기를 나누곤 했다. 어떤 강요나 규칙 같은 건 없었다. 책 이야기에서 시작해서 별 의미 없는 술자리 농담만 하다 끝나는 날도 있었고, 책을 다 읽지 못한 채 만난 날도 많았다. 그렇지만 편한 마음으로 친구들을 만나 책 내용은 어땠는지, 어떤 부분이 특히 인상적이었는지를 듣는 것만으로도 즐거웠다. 중요한 것은 우리가 함께 책을 읽고 대화를 나눈다는 사실이었다.

그러다 보면 내가 놓친 부분이 있다는 것을 깨닫기도 하고, 나에게는 단점으로 느껴졌던 부분이 다른 사람에게는 장점으로 보인다는 것도 알게 된다. 혼자 읽는 것이 나와 책 둘만의 관계라면 타인의 시각이 끼어들어 독서가 더 풍부해진다. 이미 다 읽은 책이어도 다시 한 번 읽어 보게 되고, 각자 읽었던 다른 책을 소개해 주기도 하니 일석이조다.

지금은 인터넷 공간에서도 이런 모임을 할 수 있다. 예컨대 블로그에 서평을 꾸준히 올리다 보면 댓글을 통해 다른 사람과 의견을 나눌 수 있고, 아예 인터넷으로 사람을 모아 독서 모임을 만들 수도 있다. 처음에는 잘 모르는 사람과, 더구나 책에 관해 이야기를 나눈다는 게 쉽지 않은 일처럼 느껴질 것이다. 그렇지만 이름도 얼굴도 모르는 사람이 나와 같은 책을 읽고 비슷한 감정을 느꼈다는 것에서부터 아주 강한 친밀감이 생겨나고 '이 사람이 추천하는 책이라면 한번 읽어 볼까' 하는 동기부여도 된다. 책 한 권에 대한 이야기를 나눴는데 두 권, 세 권 읽고 싶은 책이 늘어나는 것이다. 책이 책을 부르는 매우 바람직한 현상이다.

책을 선물하라

내가 고등학교 시절, 국어 선생님이 책을 선물해 주신 적이 있다. 책을 한 아름 안고 교탁 위에 펼쳐 놓으시더니 각자 마음에

드는 책을 골라 가라고 하셨다. 그때 내가 고른 책이 세계적인 수학자 오카 기요시의 『춘소십화』와 평론가 고바야시 히데오의 『인간 건설』이었다. 두 책 모두 수준이 높아 그 나이에 접하기는 어려운 책이다. 그렇지만 선생님께서 주신 책이라는 생각에 일 단 읽어 보았다. 책은 뜻밖에도 꽤 재미있었고 어려운 책도 읽 을 수 있다는 자신감을 주었다. 이후로도 그 선생님께서 추천해 주신 책을 찾아 읽었고, 지금까지도 내게 큰 영향을 미친 은사 님으로 여기고 있다.

그 기억이 워낙 강렬했던 덕분에 나 역시 제자들에게 책을 자 주 선물한다. 내가 가지고 있던 책들을 선별한 뒤 강의실로 가져 가 각자 마음에 드는 것으로 골라 가도록 할 때도 있고, 오랜만 에 찾아온 제자에게 책장에서 눈에 띄는 책을 골라 선물할 때도 있다.

단 한 권의 책이지만 누군가에게 선물을 받음으로써 책은 좀 더 특별해진다. 상대방을 생각하면서 책을 읽게 되고, 다시 만났 을 때 대화의 물꼬를 트는 역할을 한다. 선물을 하는 입장에서도 자신의 마음이나 가치관을 구구절절 말로 설명하는 것보다 책을 통해 간접적으로 전해 줄 수 있으니 좋다. 책이 마음을 연결해 준다고나 할까.

돈이나 물건은 남에게 주면 더 이상 내 것이 아니게 된다. 그렇지만 책은 다른 사람에게 선물을 해도 내 머릿속에 남아 있지 사라지지 않는다. 책이라는 물건은 1개이지만 정신적으로는 함께 소유하고 있다. 나에게도 다른 사람에게도 절대 손해가 아닌 선물, 오히려 나눔으로써 두 사람이 더 끈끈하게 연결되는 선물은 책이 유일할 것이다.

내가 재밌게 읽은 책이든, 상대방의 취향을 고려하며 심사숙고해 고른 책이든 어떤 것이든 좋다. 어느 쪽이라도 상대를 생각하는 마음이 담겨 있고, 다시 만났을 때 두 사람의 대화는 한층 더 깊어질 테니 말이다.

언젠가 독서에 대한 강연을 하면서 "여러분, 날씨에 관한 인사는 이제 그만합시다. 날씨가 추운 날에 추운 줄 모르는 사람이 어디 있습니까? 그러지 말고 앞으로는 인사를 할 때 '지난번에 이런 책을 읽었는데 말이죠, 정말 재밌었습니다'라고 해 봅시다"라고 했더니 다들 웃음을 터뜨렸다. 사실 이것은 내가 대학 시절 실제로 하던 인사법이었다. 길에서 친구를 만나면 "이거 읽어봐, 정말 재미있다니까"라고 말하며 이야기를 나누다 헤어졌다. 당시 도쿄대에는 교양을 중시하는 문화가 남아 있을 때였기 때문에 가능한 인사법이었다. 하지만 나는 여전히 진심으로, 어떻게 하면 그런 문화를 널리 퍼뜨릴 수 있을지 고민하고 있다. 당신에게도 그런 인사가 익숙해질 수 있는 날이 오기를 바란다.

10

책을 읽는 한
좌절하거나 실패할 일은 없다

일본 최대 IT기업인 소프트뱅크를 이끌고 있는 손정의 회장은 '아시아의 빌 게이츠', '사이버 제국의 지배자'라는 별명을 가지고 있을 만큼 전 세계적으로 영향력 있는 기업인이다. 그는 1957년에 일본에서 태어난 한국계 일본인으로 24살이라는 어린 나이에 소프트뱅크를 설립했다. 그리고 설립한 지 불과 2년 만에 125명의 직원과 함께 매출 45억 엔이라는 놀라운 성과를 거두었다. 그러던 어느 날, 그는 청천벽력같은 소식을 듣게 된다. 자신이 자칫하면 죽음에 이를 수 있는 심각한 '만성 간염'에 걸렸다는 진단이었다. 그는 의사의 권유에 따라 모든 회사 일에 손을 떼고 병원에 입원해야 했고, 아직 효과를 확신할 수 없는 실험 단계의

치유법에 희망을 걸고 오랜 시간 치료를 받아야 했다.

아마 보통 사람이라면 그렇게 몸이 아프고 완치가 될 수 있을지 알 수 없는 절망적인 상황에서 자신의 처지를 한탄하며 세월을 보냈을 것이다. 그러나 그는 포기하지 않았다. 오히려 조용히 공부할 수 있는 시간을 얻었다고 생각했다. 그는 지금 이렇게 시간이 많을 때 책을 읽자고 생각하고 병원 침대에서 경영, 역사, 소설 등 분야를 가리지 않고 닥치는 대로 책을 읽었다.

그 시절 그에게 가장 큰 영향을 준 책은 바로 시바 료타로의 대하소설 『료마가 간다』와 중국의 손자가 쓴 『손자병법』이었다. 그는 온갖 역경에도 불구하고 일본의 근대화를 여는 데 성공한 사카모도 료마의 이야기를 다룬 『료마가 간다』로 어떤 시련에도 굳은 의지로 자신의 뜻을 이뤄 내는 용기와 지혜를 배웠고, 전쟁 전략을 담은 『손자병법』을 읽으며 어떻게 경영에 활용할 것인지를 고민했다.

이때 읽은 책들은 그가 기적적으로 병을 이겨 내 일선에 복귀한 뒤, 그의 경영 철학과 가치관을 형성하는 데 큰 역할을 했다. 손정의는 "한 번뿐인 인생, 료마처럼 멋지게 살고 싶다"라고 말하며 료마가 자신의 롤모델이라고 밝혔으며, 『손자병법』을 경영에 접목한 '손정의 제곱병법'이라는 독창적인 경영 전략을 만들

어 내기도 했다. 그리고 그의 다짐처럼 모든 시련을 이겨 내고
일본을 대표하는 기업인이 되었다.

만약 손정의가 책을 읽지 않았더라면

아무리 자기 자리에서 열심히 살아간다고 해도 살다 보면 예기
치 않게 인생의 위기가 닥쳐 오는 순간이 있다. 대부분의 사람들
은 자신의 뜻과 상관없는 그 폭풍 속에서 어떻게 대처해야 할지
몰라 당황한다. 손정의에게는 그 위기가 만성 간염이었다. 젊은
나이에 큰돈을 벌며 모든 것을 다 가진 것처럼 보였지만 건강을
잃으면서 힘들게 얻은 모든 것을 잃어버릴 위기에 처했다.

그러나 그는 그때 흔들리지 않고 책을 집어 들었다. '다시 건강
해질 수 있다면 어떻게 살아야 할까'라는 의지와 희망을 품고 한
권 한 권 차분히 읽어 나갔다. 그렇게 몇 년간 간절한 마음으로
읽은 책들은 지식과 지혜를 주었고 그의 내면을 강인하게 단련
시켜 주었다.

만약 그가 병과 싸워야 했던 5년의 시간 동안 책을 읽지 않았
더라면 어떻게 되었을까. 조금 잔인한 말일지 몰라도 나는 그때
독서를 하지 않았다면 지금의 손정의는 없었을 것이라고 생각한

다. 그렇게 쉽게 병을 이겨 내지도 못했을 것이고, 병이 나았다고 해도 지금만큼의 성공을 거두기는 어려웠을 것이다. 그는 책을 읽으면서 병마와 싸울 힘을 얻었고, 경영자로서 갖추어야 할 사고방식과 지식을 쌓았다. 그런 시간이 있었기에 결국 병이 나았을 때 다시 일어서서 자신의 꿈을 향해 거침없이 달려 나갈 수 있었다.

책은 내공이 되고, 내공은 인생을 바꾼다

미처 대비하지 못한 인생의 위기에도 상처받지 않고, 잃는 것 없이 자신을 지켜 나가기 위해서는 깊은 내공이 필요하다. 그러나 내공을 쌓는다는 것이 쉬운 일이 아니다. 더구나 평범한 사람이 일상을 반복하며 살다 보면 저절로 나태해지고 어제보다 더 나아지기는커녕 하향평준화되기 십상이다. 그래서 갑작스러운 퇴직처럼 피할 수 없는 변화가 닥쳐왔을 때, 자신이 아무런 준비가 되어 있지 않다는 사실을 뒤늦게 깨닫고 좌절하며 지나간 시간을 안타까워한다.

내공을 쌓는다는 것은 화학적인 결합과 비슷하다. 각각 다른 성질을 가진 재료들이 혼합되었을 때 어떤 새로운 성질을 가진 화합물이 나올지 알 수 없다. 어쨌든 지금까지 보지 못한 새로운 합성물을 얻기 위해서는 질이 좋은 재료가 충분히 있어야 하며, 압력과 열이 일정 시간 이상 가해져야 한다.

마찬가지로 책을 읽는다는 것은 한 사람이 깊은 내공을 쌓는 데 필요한 재료의 질과 양을 더하는 행위다. 내가 이 책을 통해 얻을 수 있는 게 무엇이 있을까 먼저 생각하고 책을 읽는 경우도 있겠지만 그게 어떤 식으로 발현될지 당시에는 알지도 못한 채로 읽는 경우가 더 많다. 그저 성실하게 책을 읽어 나가고 다른 이의 생각에 끊임없이 귀를 기울이는 동안 책에 담긴 지혜와 지식이 내면에 쌓인다. 이렇게 독서로 쌓아 온 것들이 내가 직접 살면서 겪은 경험과 뒤섞이면서 나만의 독특한 내공이 된다. 다른 기업인들이 쉽게 따라할 수 없는 손정의만의 내공이 있는 것처럼 말이다.

눈에 보이지도 않고 증명할 수도 없는 내공을 쌓기 위해 책을 읽는다는 것이 너무나 막연하고, 그에 비해 독서에 투자해야 하는 시간과 노력은 부담스럽게 느껴지기도 할 것이다. 그러나 어제보다 조금이라도 더 나은 모습으로 살고 싶다면, 갑작스러운 인생의 위기에 흔들리고 싶지 않다면 매일 조금씩이라도 좋으니 꾸준하게 책을 읽어라. 독서를 시작했다면 눈에 보이지 않을 뿐이지 변화는 이미 시작되고 있다. 삶의 고비를 넘는 지혜는 책이 줄 것이다.

옮긴이 김효진

독자의 눈으로 글을 옮기고 저자의 목소리에 귀를 기울이는 친절한 번역을 늘 마음에 새기며 글
자 하나하나에 정성을 담고자 노력하는 일본어 번역가. 글밥 아카데미 출판번역 과정을 수료하
고, 바른번역에서 출판 기획 및 전문 번역가로 활동하고 있다. 옮긴 책으로는『욕망산업 상·하』,
『유리 거탑』,『도쿄 룸 셰어 라이프』,『젊음의 법칙』,『아들 열 살이 되면 교육법을 바꿔라』,『콜
라주·마스킹테이프 수업』,『북유럽 스타일 리노베이션&인테리어』등이 있다.

독서는 절대 나를 배신하지 않는다

초판 1쇄 발행 2015년 6월 3일
초판 23쇄 발행 2024년 6월 24일

지은이 사이토 다카시 옮긴이 김효진

발행인 이봉주 단행본사업본부장 신동해
디자인 이석운 김미연 마케팅 최혜진 이은미
홍보 반여진 허지호 정지연 송임선 국제업무 김은정 김지민 제작 정석훈

브랜드 걷는나무
주소 경기도 파주시 회동길 20
문의전화 031-956-7208(편집) 02-3670-1123(마케팅)
홈페이지 www.wjbooks.co.kr
인스타그램 www.instagram.com/woongjin_readers
페이스북 www.facebook.com/woongjinreaders
블로그 blog.naver.com/wj_booking

발행처 ㈜웅진씽크빅
출판신고 1980년 3월 29일 제406-2007-000046호

한국어 출판권 © 웅진씽크빅, 2015(저작권자와 맺은 특약에 따라 검인을 생략합니다.)
ISBN 978-89-01-20420-8 (03020)

걷는나무는 ㈜웅진씽크빅 단행본사업본부의 브랜드입니다.
이 책의 한국어판 저작권은 BC에이전시를 통한 저작권자와의 독점 계약으로 '웅진씽크빅'에 있습니다.
저작권법에 의해 한국 내에서 보호받는 저작물이므로 무단전재와 무단 복제를 금합니다.

• 잘못된 책은 구입하신 곳에서 바꾸어 드립니다. • 책값은 뒤표지에 있습니다.